如何問問題

兒童閱讀Ｑ＆Ａ

張子樟◎編著

編者的話

近五年來，筆者除了教學與指導論文外，其餘時間都花費在推廣閱讀活動上，因此有很多機會跟站在第一線的小學老師和故事媽媽互動溝通，也比較能深入了解她們在帶孩子閱讀時，可能會遭遇到的種種困難。通常，負責辦理閱讀研習活動的主事者先想到的總是要讓內容多元化，一次三天或五天的活動，邀請了不少不同文類的專家學者來講課，每人三小時到六小時不等，結果台下聽到的絕大部分是條列式的緒論介紹，很少能直接進入文本剖析，直接教導如何設計「提問」更是少之又少。

「理論與文本」並重是筆者在不同大學研究所講授課程的主軸，但很少涉及「提問」的實用層面。筆者在國內各地多次演講後，覺得確實有設計「提問」的需要，今年春天便在台東大學兒文所台北班以及台北教育大學語創系碩士班同時開了「兒童文學閱讀與思考」這門課，要求學生細讀繪本、童話和少年小說這三種文類的優秀作品，並仔細推敲，設計合乎邏輯的提問，然後在課堂上提出書面或投影報告，接受其他同學的反覆詰問。三十六位學生中，二十六位是現職教師，對於「提問」的設計頗為熟

悉。在他們的共同努力下，終於整理出這本小書。

　　這本小書的文本選用煞費苦心。少兒文學與成人文學最大的不同在於，少兒文學的作品要給小讀者帶來一些希望與信心。因此，選擇文本時，首先考慮故事主題是不是與學子實際生活有關，尋找自我、愛的分享、生命教育、親情與友情、師生互動等都很重要，但仔細思量後，這些主題哪一個不是「愛」的闡揚與延伸？以「愛」為起點，相信這個社會會變得更祥和些。主題正確固然重要，但小讀者對於說教式的作品興趣缺缺，因此本書盡量收入趣味性高又具冒險性的作品。

　　二十多年來，印刷精美的優秀童書滿坑滿谷，可以選用為提問的作品相當多。這本小書只是起步，希望有機會繼續編著，選些對小讀者增強說寫能力有幫助的作品，為閱讀基礎工作盡一份力量。

　　最後要謝謝參與提問命題的同學。

張子樟　2009年12月於噗哩岸

目錄

02　編者的話／張子樟
06　如何使用這本小書

繪本

尋找自我
10　月光男孩
14　綠尾巴的老鼠
20　小霍班奇遇記

愛的分享
24　太陽石
30　石頭湯
36　拼被人送的禮

生命教育
40　奶奶的時鐘
46　尼可萊的三個問題
52　征服者

大自然的呼喚
58　夏夜

童話

守信與承諾

64　青蛙王子

70　漁夫和他的妻子

74　睡美人

愛的分享

80　自私的巨人

86　年輕的國王

92　夜鶯

親情的擁抱

98　野天鵝

104　小紅帽

110　灰姑娘

116　漢賽爾與格雷特爾

少年小說

親情與友情

124　苦澀巧克力

130　通往泰瑞比西亞的橋

136　芒果貓

師生之間

142　不要講話

148　成績單

154　午餐錢大計畫

冒險犯難

160　小殺手

166　天使雕像

172　洞

幻想成真

176　巧克力工廠的祕密

182　神偷

188　湯姆的午夜花園

194　附錄：參考答案

如何使用這本小書

　　這本小書最適合師生或親子「共讀」。要怎麼讀，或許可以按著下列的方式進行，不僅可以幫助自己領略文本的精髓，也從師生或親子共讀中奠定良好的親子關係。

1. 細讀文本

　　雙方都必須先細讀文本，然後學習把文本內容做摘要式的書寫或口頭報告，目的是要讓學子或孩子懂得如何把故事內容濃縮成400～600字左右的完整報告。

2. 回溯故事

　　「牛刀小試：關於故事」是提問的最基本形式。藉回溯故事裡的「六何」：何人（who）、何時（when）、何地（where）、何事（what）、為何（why）與如何（how）這六個基本元素，老師或家長的提綱式提問，可以激發學生或孩子的記憶力。如果故事背景模糊（如童話），則「何時」、「何地」可刪減。

3. 推理與組合

　　提問的第二部分——「推敲琢磨一下，選出你認為適合的回

答」，目的在於檢驗學子或孩子的組合及推論能力，單選題目比較簡單，複選題目得費心思考與推敲，才能找到正確的答案。

4. 思考與表達

「進一步想一想」是所有提問中最需要思考、最具挑戰性的。每個題目都沒有所謂的「標準答案」，學子或孩子可以依據自己的想像或生活經驗來回答，目的在鼓勵孩子勇於搶答，發表自己的想法，不論對錯。可以期待的是，頭腦體操的效果可以達到極致，而且課堂的互動氣氛也會最激烈。沒有標準答案，因為在多元社會裡，我們需要的是不同的聲音，而不是一言堂式的回響，即使是書後所附的答案，也是僅供參考之用。

5. 閱讀輔助工具

「童話」可搭配現有的相關繪本。目前比較出名的單篇經典童話，幾乎都已以繪本形式出現，或許內容因翻譯或改寫關係而略有出入，但故事的基本屬性還存在。利用具象的圖像、圖卡或指偶等來輔助詮釋童話是個不錯的主意，少年小說同樣可以利用影片來輔助教學。

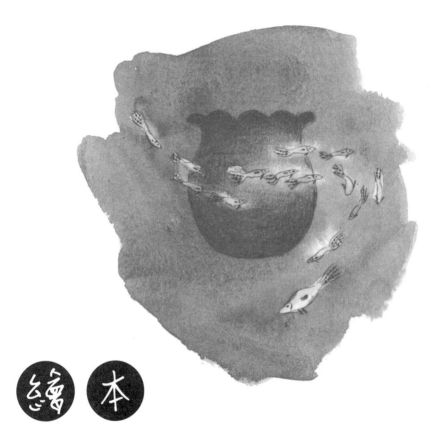

繪本

圖勝於文是繪本的基調，因此提問內容會涉及畫面，線條、大小、形狀、色彩、色度等，都是提問的素材（含綜合性題目），故事的幽默與樂趣也是重點。

尋找自我

月光男孩
（Boy in the Moon）

作者：史班・歐森（Spang Olsen）
繪者：史班・歐森（Spang Olsen）
譯者：管家琪
圖片提供：格林文化
出版日期：1997年11月

故事摘要

　　月亮先生常常一低頭就看見水裡的另一個月亮，他很想認識這位「同伴」，因此拜託月光男孩幫忙尋找。於是，月光男孩拎著一個月亮形狀的籃子出發了。

　　滑下來時，月光男孩不小心踢到一顆小星星，小星星馬上變成流星劃過天際。接著月光男孩發現一大片白雲，鬆軟的白雲看起來非常舒服，他想躺在白雲上，但是白雲太鬆太軟，月光男孩順著白雲滑了下來。滑呀滑！他經過一架飛機、穿過一大群鳥

兒，月光男孩直往下落。他看到一個風箏，風箏上有一個臉孔猙獰的月亮，他不想帶這個月亮回去。月光男孩繼續他的行程。接著他看到一個汽球和一顆球，月光男孩覺得這兩樣東西都很像月亮，但是汽球看起來太凶，球又太會蹦跳了，不適合帶回去。月光男孩繼續往下降落。

在降落的過程中，他遇到一位小女孩、吃了顆甜蜜的小月亮（蘋果）、被煙囪熏黑了臉。月光男孩一直降一直降，他通過街道，又經過碼頭，然後「噗通」一聲掉進了水裡。在水裡月光男孩發現一面鏡子，他覺得這面鏡子是他看過最棒的月亮，因此月光男孩帶著鏡子飛出水面，飛回月亮先生的身邊。

月亮先生看著月亮男孩帶回來的同伴，感到非常滿意。每次他想找人聊天時，他就拿出鏡子，那位充滿智慧又忠實的同伴永遠會守候在那兒。

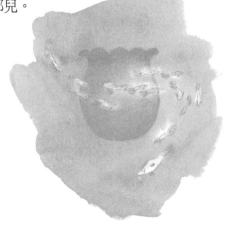

1. 故事中的主要角色有誰？

2. 故事中，月光男孩經過了哪些地方？

3. 月光男孩是為了什麼事情到地球上？

4. 月光男孩為什麼不想帶風箏上的月亮、汽球和球回去？

5. 故事中的主角如何完成任務？

 推敲琢磨一下
選出你認為適合的答案

1. 數一數這本圖畫書從封面、內容到封底一共出現多少個月光男孩？

   a. 20　　　　　　　　b. 21

   c. 22　　　　　　　　d. 23

2. 文中提到的「小月亮」是指哪一種水果？

   a. 蘋果　　　　　　　b. 香蕉

   c. 西瓜　　　　　　　d. 橘子

3. 為什麼月光男孩不願意帶風箏上的月亮回去呢？因為風箏上的月亮____。

   a. 雖然友善，但是太會蹦跳了

   b. 被線綁住帶不回去

   c. 表情可怕

d. 風太大，隨著風箏飛走了

4. 月光男孩經過窗口看見兩個小孩，小孩邀請他進屋，爲什麼月光男孩沒有進去？因爲月光男孩_____。

a. 被煙薰黑臉，覺得自己很髒，不想進去

b. 沒有時間

c. 沒有蘋果吃，所以不想進去

d. 趕著去游泳，不想進去

5. 月光男孩最後帶了什麼東西回去？

a. 汽球 　　　　　　　b. 蘋果

c. 球 　　　　　　　　d. 鏡子

1. 圖畫書中有時一頁會出現一個月光男孩，有時一頁卻會同時出現兩個月光男孩，請問你覺得這樣的圖畫設計是爲了表達什麼？

2. 月亮已經有月光男孩陪伴了，爲什麼還想尋找另一個月亮？

3. 你能說說故事中月光男孩遇到了哪些事物嗎？

4. 故事的最後月光男孩帶著一面鏡子回去，如果你是作者，你會安排月光男孩帶什麼東西回去？說說你的理由。

5. 你覺得月亮先生知不知道鏡子中的人就是自己？

（提問者：邱慧敏）

綠尾巴的老鼠
（The Green Tail Mouse）

作者：李歐‧李奧尼（Leo Lionni）
繪者：李歐‧李奧尼（Leo Lionni）
譯者：劉清彥
圖片提供：道聲
出版日期：2004年1月

故事摘要

　　在威爾許森林裡，有一群小田鼠住在那裡。森林裡有甜甜的梅子、多汁的球根和柔軟的嫩芽。那裡冬天很暖和，夏天有微風，從來沒有狐狸和蛇發現這個地方，小田鼠們過著平靜而安樂的生活。

　　有一天，一隻都市的老鼠路過這裡，和他們談起都市裡過著狂歡節的事情，他說：「狂歡節時到處充滿了音樂，人們會在街上跳舞、遊行，還有會發出聲音的喇叭。」田鼠們也想要戴上可怕的動物面具，過一個自己的狂歡節。一開始戴著有尖牙齒的面具來驚嚇對方，真的很好玩。但是，後來田鼠們開始相信自己就是凶猛的野獸，忘了自己是善良、溫柔的老鼠，所以他們開始害

怕對方，讓原本平靜的日子充滿了仇恨和猜忌。

　　後來，牠們遇到了一隻不戴面具的動物，嚇得要命，最後才知道原來是同樣的田鼠，才讓田鼠們拿下愚蠢的面具，重新做回自己。之後，大家不必再害怕對方，可以快樂的生活在一起，雖然綠尾巴的老鼠洗不掉染色的尾巴，但他也絕口不提那段戴著假面具，充滿仇恨猜忌的日子。

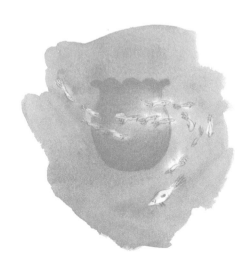

1. 這篇故事的主角是誰？

2. 這篇故事發生在什麼地方？

3. 這篇故事發生了什麼事？

4. 為什麼田鼠們也要過狂歡節？

5. 田鼠們為什麼要摘下面具？

6. 田鼠們如何重新做自己？

 推敲琢磨一下
選出你認為適合的答案

1. 威爾許森林裡有很多食物，但是書中沒有提到哪一種食物？
   a. 甜甜的梅子　　　　　b. 多汁的球根
   c. 柔軟的嫩芽　　　　　d. 香甜的蜂蜜

2. 根據書中的敘述，老鼠的天敵是什麼動物呢？
   a. 蛇和狼　　　　　　　b. 蛇和狐狸
   c. 狐狸和貓　　　　　　d. 貓和狼

3. 都市老鼠說城裡的人過狂歡節的景象，不包括下列哪一個選
   項？
   a. 到處充滿音樂　　　　b. 有五彩紙片彩帶
   c. 燃放美麗的煙火　　　d. 有發出怪聲的喇叭

4. 田鼠們戴上了哪些動物的面具？

a. 老虎、獅子、松鼠、老鷹

b. 老虎、獅子、大象、老鷹

c. 獅子、大象、兔子、老鷹

d. 大象、花豹、花鹿、老鷹

5. 狂歡節時，田鼠們<u>沒有</u>做什麼事呢？

a. 唱歌跳舞　　　　　　b. 戴上面具

c. 發出凶猛的吼叫　　　d. 到處充滿音樂聲

6. 在故事中，戴著面具的田鼠看到誰卻害怕得要命？

a. 不戴面具的老鼠　　　b. 可怕的老虎

c. 凶猛的獅子　　　　　d. 粗壯的大象

7. 這個故事主要是告訴了我們什麼道理？

a. 要把握時間，好好追求快樂

b. 要過狂歡節，可以戴上面具，嚇嚇別人

c. 要誠誠實實，高高興興的做自己

d. 戴上面具之後，可以隨心所欲

8. 故事中那隻綠尾巴的老鼠，無法洗掉綠色尾巴，有什麼象徵的意義？

a. 不要因為只顧眼前的快樂，而犯下無可彌補的錯誤

b. 當大家都做某件事時，就表示那件事是對的

c. 朋友有困難，應該主動幫忙

d. 投機取巧的人，不會有好下場

1. 你曾經參加過或看過狂歡節嗎？那是一個什麼樣的活動？

2. 你最喜歡書中哪一隻老鼠的裝扮？為什麼？

3. 如果要參加狂歡節，你想把自己打扮成什麼模樣？

4. 參加狂歡節為什麼要戴上面具呢？

5. 每天都帶著面具過生活好不好呢？

6. 人在日常生活中會不知不覺戴上無形的面具嗎？你有沒有戴著面具過生活呢？

7. 在我們生活的四周，有沒有綠尾巴的老鼠嗎？你喜歡當綠尾巴的老鼠嗎？

8. 要怎麼拿掉假面具？怎麼做回自己呢？

（提問者：辛玉蘭）

Little Hobbin
（小霍班奇遇記）

作者：Theodor Storm（提奧多・史東）
繪者：Lisbeth Zwerger（莉絲白・威格）

故事摘要

　　霍班是個精力旺盛的小男孩，他睡在一個有輪子的小床上。平時他精神一來，媽媽就得推動小床在房裡走來走去，一刻也不得閒。有一天晚上，媽媽累到躺著爬不起來，不管霍班怎麼叫，媽媽都聽不見。於是，霍班脫下睡衣掛在高舉的腿上，鼓起雙頰對著睡衣吹氣，小床開始慢慢向前走。

　　霍班的小床沿著月光走到屋外，街上又靜又冷清。和氣的月亮跟著小霍班，幫他照亮道路。小霍班繼續前進，他經過教堂、走進樹林。小霍班希望樹林裡的動物能見見自己的小床，但是動物都睡著了，只有一隻貓，高高站在橡樹上。霍班認得這隻貓，牠是小公貓湯姆，是一隻老是以為自己會發光的貓。圓臉月亮問

霍班：「玩夠了嗎？」霍班要求月亮繼續幫他照亮前方的路。

　　他們走出樹林、穿過荒野，來到世界的盡頭，並且繼續往天空的方向走去。天上的星星都醒著，小霍班駕著小床衝向星星，那些星星紛紛逃開。「你還沒玩夠嗎？」和氣的圓臉月亮問，小霍班要求月亮繼續幫他照亮前方的路，月亮卻吹熄了燈，回去睡覺，不理小霍班。

　　小霍班一個人孤零零的留在天上，他害怕極了。突然，他發現一張圓圓的大紅臉盯著他瞧，原來是太陽！太陽抓住小霍班扔進大海的中央。最後，你和我一起救起了小霍班，把他撈到我們的船上。

1. 故事中的主要角色有誰？

2. 故事中小霍班經過了哪些地方？

3. 霍班和他的小床發生了什麼事？

4. 最後月亮為什麼不幫小霍班照亮道路？

5. 小霍班被太陽扔進大海的中央後如何獲救？

 推敲琢磨一下
選出你認為適合的答案

1. 小霍班把睡衣當成＿＿＿。
   a. 風帆　　　　　　　　b. 舵
   c. 甲板　　　　　　　　d. 桅杆

2. 誰幫小霍班照亮道路？
   a. 小公貓湯姆　　　　　b. 星星
   c. 月亮　　　　　　　　d. 太陽

3. 霍班的小床是沿著什麼走出屋外？
   a. 小公貓湯姆發出的光　b. 太陽光
   c. 星光　　　　　　　　d. 月光

4. 霍班在地和天相連的地方發現一張圓圓的紅臉，請問這是誰的臉？
   a. 太陽　　　　　　　　b. 月亮

c. 星星王子　　　　　　　d. 火星

5. 小霍班後來被太陽扔進哪裡？
　　a. 大海　　　　　　　　b. 樹林
　　c. 世界的盡頭　　　　　d. 街上

進一步
想一想

1. 故事中，小霍班最常說的一句話是什麼？想想自己最
　　常說的一句話是什麼？（這句話你最常對誰說？）

2. 你能說說故事中小霍班遇到了哪些動物嗎？

3. 請問最後到底是誰救了霍班？

4. 如果你是作者，結局會如何安排？

（提問者：邱慧敏）

愛的分享

Die Menschen im Meer
（太陽石）

文：Jörg Steiner（約克‧史坦納）
圖：Jörg Müller（約克‧米勒）

故事摘要

　　很久以前，海上有大、小兩個島，還有一座早已沉沒的島。大島的人有貴賤之分，生活富庶，食物、建材應有盡有。小島的人，沒有貧富的分別，做任何事都一起來，過著幸福快樂的生活。兩個島的人各自過生活，互不相干。

　　有一天，大島的國王決定把自己的島變得更美麗，當築堤用的石頭、木材、泥土耗盡了，便派人到小島去搬運碎石和泥土。小島的人看著自己的島一天天變小，連知道許多故事、最有主張

的瞎眼老人，也不知如何是好。

小島上的人擔心他們的島有危險，除了機器挖土的聲音，也聽到來自地心深處的呻吟。於是，瞎眼老人乘坐灑滿鮮花的小船去找國王商量。

不久，工人在紅太陽石底下挖到了黃金，大家得了淘金熱。國王叫大家把金礦全搬進皇宮，又叫人把海填平，蓋一座黃金宮殿，以及比太陽石還大的國王雕像。大島變得淒涼、荒蕪。心急的國王又徵召小島上的男人一起來建造皇宮。

自從瞎眼老人拜見國王後，再也沒有人來小島搬運泥土了。一天，當他告訴小孩第三座島沉沒的故事，以及紅太陽石對人們的警示作用時，小島男人也正被迫到大島工作。老人要他們工作結束後，把被偷走的泥土拿回小島，婦女和小孩則幫忙把泥土放回原來的地方，並灑下草的種子。

雨季來臨，坑道積水、大海呼嘯。暴風雨使人民看清了土地被破壞的模樣，千瘡百孔的山倒塌了，人們驚恐的坐船逃了。富裕的大島變成廢墟，被埋在岩塊下。小島的人收留了逃難的大島人民。雨季過後，兩島的人們到大島合力清除崩壞的山石，開墾農田，建設灌溉系統和房舍。

故事還沒結束，只要世上還有人住，這個故事就會繼續下去。

提問 牛刀小試 關於故事

1. 這篇故事發生在什麼時候？

2. 這篇故事發生在哪些地方？

3. 這篇故事出現哪些主要的角色？

4. 這篇故事在敘述什麼事件？

5. 為什麼大島和小島上的人們最後會採取合作的態度？

推敲琢磨一下
選出你認為適合的答案

1. 國王為什麼想要大島更美麗？因為他＿＿＿。（複選）
   a. 看到美麗的照片   b. 突發奇想
   c. 夢到仙境   d. 不知足

2. 為什麼大島上的人要到小島取用泥土？因為＿＿＿。
   a. 大島的資源用盡了
   b. 小島的泥土土質比較好
   c. 大島本來就沒有泥土
   d. 小島的泥土太多了

3. 「最有主張的瞎眼老人，也不知如何是好。」這句話代表什麼意思？
   a. 群策群力   b. 神機妙策
   c. 束手無策   d. 三十六計，走為上策

4. 瞎眼老人爲什麼要乘坐灑滿鮮花的小船，去找國王商量？鮮花代表什麼？（複選）
   a. 誠意　　　　　　　b. 生命
   c. 希望　　　　　　　d. 愛慕

5. 第三座島沉沒的原因是什麼？
   a. 發生大海嘯　　　　b. 太陽神的命令
   c. 被隕石擊中　　　　d. 人們違反自然法則

6. 小島的人把泥土放回原來的地方，還灑下草的種子。你認爲這樣的作爲是＿＿＿。
   a. 亡羊補牢　　　　　b. 截長補短
   c. 不無小補　　　　　d. 拆東補西

7. 哪些特質可以用來形容瞎眼老人？（複選）
   a. 智慧　　　　　　　b. 盲目
   c. 眼盲心不盲　　　　d. 勇敢

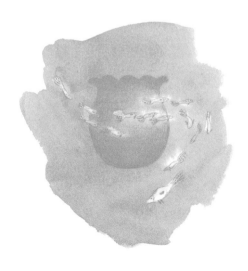

1. 為什麼大島上的人有貧富之分，小島上的人們卻人人平等呢？

2. 你認為這個國王是怎樣的人？從哪些地方可以看出來？

3. 後來再也沒有人來小島搬運泥土，你認為真正的原因是什麼？

4. 大島的人在何時才覺醒？為什麼人總要在危難時才會覺醒？

5. 為什麼作者說這個故事還沒有結束？

6. 如果由你來繼續說故事，你會安排怎樣的故事情節和結局？試著寫一寫。

（提問者：林麗麗）

石頭湯
（Stone Soup）

作者：強‧穆特（Jon J. Muth）
繪者：強‧穆特（Jon J. Muth）
譯者：馬景賢
圖片提供：小魯文化
出版日期：2004年4月

📖 故事摘要

　　三個雲遊的和尚，為了尋找「快樂」，來到了山腳下的村莊。經歷了饑荒、洪水與戰爭的村民不再信任他人，甚至鄰居之間，也彼此猜忌。村子裡有各行各業的人，但村民努力工作只為自己，村民間也很少往來。

　　和尚們來到村裡，領教了村民的冷漠，同時也吃盡了閉門羹。他們發現這裡的人全都不懂得什麼是快樂，於是大和尚阿壽決定要讓村民見識一下怎麼煮石頭湯。

　　他們為小鍋生火煮水的過程，吸引了一個小姑娘的注意，並促使她勇敢的走向他們去問個究竟。從小姑娘在院子裡幫忙找石頭、回家推滾著大鍋子，以及和尚們在村子中央的大院子裡撥動

柴火開始，慢慢地，有越來越多的人參與煮石頭湯的過程。每個人都想看看到底什麼是石頭湯。

於是和尚們表示傳統的石頭湯中應該要加上鹽和胡椒粉、調味料什麼的，只不過他們什麼都沒有。讀書人表示他家裡有，跑著回來時，手上帶了鹽和胡椒粉，以及一點兒香料。接著是其他人的胡蘿蔔、洋蔥、蘑菇、麵條兒、豌豆和包心菜。就這樣鍋內的食物越加越多，一個一個都跑回家，接著和尚們感受到的是清香的美味及一個個懂得付出的人。

湯煮好了，大家圍坐在一起，帶來了過往記憶中從未有過的感覺，村民們家中不再上鎖、邀請和尚們到家裡住。最後，在村民與和尚分離的不捨中，村民謝謝和尚送他們的「禮物」——教他們懂得「分享讓人更富足」，而和尚們則還要他們想想：「快樂就像煮石頭湯一樣容易啊！」

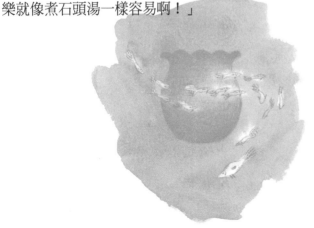

1. 是誰最先提議要煮石頭湯的？

2. 故事中的石頭湯是在什麼時候，加入了調味料及鹽巴？

3. 這篇故事主要的要陳述的主題是什麼？

4. 故事中，三個和尚在哪裡煮起了石頭湯？

5. 為什麼最初和尚們來到村子裡時，會吃盡閉門羹？

6. 和尚們如何教導村民學會分享及快樂？

推敲琢磨一下
選出你認為適合的答案

1. 對於剛到村莊裡的三位和尚，村民抱持著怎樣的態度？
　　a. 希望三位和尚能在村子裡長住下來
　　b. 在院子裡列隊歡迎
　　c. 多數只在家門口跟和尚們打招呼
　　d. 把窗戶關的緊緊的，沒人理睬三位和尚

2. 到底是因為發生了什麼事情，結果才讓村民不再信任陌生人，甚至彼此互相猜疑？（複選）
　　a. 饑荒　　　　　　　　b. 瘧疾
　　c. 洪水　　　　　　　　d. 戰爭

3. 為什麼大和尚阿壽要煮石頭湯？
　　a. 因為石頭能增加湯的甜度，使湯變得更好喝

b. 因爲石頭是治療冷漠最好的藥材

c. 因爲石頭可以讓飢餓的人有飽足感

d. 因爲他想透過煮湯的過程，要讓村民學會分享與快樂

4. 最早被加進鍋水中的東西是什麼？

a. 胡蘿蔔　　　　　　　b. 鹽和胡椒粉

c. 石頭　　　　　　　　d. 豆腐

5. 三位和尚在何時與村民分開，繼續雲遊四海？

a. 一個溫煦的春天早晨

b. 一個豔陽高照的夏日午後

c. 一個滿是別離愁緒的秋日黃

d. 一個冷風刺骨的寒冬深夜

6. 故事中，全村村民在用完餐後，曾圍在一起看戲。請問他們在看的是哪一種戲劇？

a. 布袋戲　　　　　　　b. 皮影戲

c. 歌仔戲　　　　　　　d. 歌舞劇

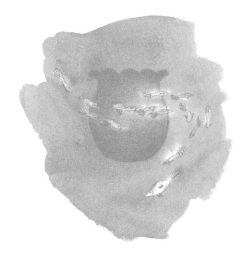

1. 在繪本故事的一開始，根據文本：「年紀最大、最聰明的阿壽」，你覺得畫面中哪一個才是阿壽？阿壽在圖像中的位置相對於另兩位和尚，是否有什麼意涵？

2. 是否注意到了繪本中所有房子的變化，請仔細看過並搭配對應文本，試著分享看看你的發現？

3. 在強・穆特的高超繪畫功力中，他試圖帶著我們從各種角度看故事，有平視、俯角、仰角、遠視等，這些角度在書中傳達了什麼意義或感受？試著帶著大家一起賞析。

4. 故事的一開始，我們見到三個和尚後方是蜿蜒而渺遠的萬里長城，三個和尚翻山越嶺地來到村莊（進入故事）；在故事的最後，三個和尚要離開村莊（走出故事），卻是在村莊的連外橋上，故事起先三人的孤單身影及送別時村民的熱鬧相送。這些畫面各有些什麼意義？試著說說你的想法。

5. 故事中，我們注意到小姑娘穿的是一件黃色的衣服。黃色的衣服在古老的中國有什麼特殊意涵？試著說說看你覺得強・穆特有沒有可能是想要表達什麼呢？

（提問者：謝月琴）

The Quiltmaker's Gift
（拼被人送的禮）

原者：Jeff Brumbeau（傑夫・布藍登）
繪者：Gail De Marcken（婕兒・第・瑪肯）

 故事摘要

　　就像是過路天使滑落的披肩，高山上的拼被人縫製的拼被是所有人見過最美麗的被子，很多人口袋裡裝滿金幣，想去買她的拼被。但是她的被子是不賣的，她只送給窮人或無家可歸的人，再多的錢也一樣，不賣就是不賣。

　　那時，有一個貪心的國王，總是一再要求別人送禮物給他，收禮物是他最喜歡的事，雖然他已經擁有全世界最珍貴的寶藏，但他根本就不快樂。拼被人縫製的拼被也許可能是唯一能讓國王快樂的東西，可是拼被人的拼被是不賣也不送給有錢人的，即使是國王也一樣，除非國王把所有的東西都當禮物送人，那她就會為他縫製一床拼被。

國王大怒，把拼被人抓到深山準備給大熊當好吃的早餐，但大熊反而請拼被人吃早餐，國王又把拼被人抓到小島上，但一群麻雀卻合力用喙把她安全叼回岸上，國王沒辦法，只好答應拼被人的要求。一開始他只送走一粒彈珠，但得到彈珠的小男孩回報國王一個燦爛的微笑，國王又挑了一些衣服送給窮人，再把自己的馬當成遊樂園裡的旋轉馬給小朋友玩，小朋友玩得好開心，這時，國王才有了一些笑容。

　　接著，國王將皇宮裡所有禮物都搬上馬車，決定走出皇宮，尋找那些可能會需要他贈禮的人，禮物一樣一樣的送，拼被人也遵守約定在拼被上加縫上一塊又一塊的料子，篷車上的禮物越來越少，國王的拼被卻愈來愈美麗了。

　　當拼被人找到國王時，他的皇袍已破爛不堪，腳趾也露在鞋子外邊，但他的雙眼卻閃著愉悅的光彩，歡笑如雷一般響亮，當國王把拼被披在身上時，感到無比的幸福與滿足，並覺得自己是世上最富有的人。

1. 書中的主角是誰?

2. 這本書的內容在敘述什麼事?

3. 為什麼拼被人不願意送國王拼被?

4. 最後國王如何獲得拼被人的美麗拼被?

推敲琢磨一下
選出你認為適合的答案

1. 拼被人的被子絕<u>不給</u>哪一種人?
   a. 窮人　　　　　　　　b. 無家可歸的人
   c. 沒被子的人　　　　　d. 有錢人

2. 國王曾經跟拼被人要過幾次被子,但都遭到拒絕?
   a. 一次　　　　　　　　b. 二次
   c. 三次　　　　　　　　d. 四次

3. 當國王盛怒之下懲罰了拼被人之後,為什麼晚上都睡不著覺?
   a. 餘怒難消
   b. 懊惱自己為何做出這種事
   c. 心腸惡毒
   d. 貪婪未果

4. 熊掌拼布圖塊中用了何種可吃的材料?
   a. 葡萄　　　　　　　　b. 莓果

c. 草莓　　　　　　　　d. 桑葚

5. 國王答應拼被人，他只要每次送出禮物，就會請誰回來告訴她？
   a. 麻雀　　　　　　　　b. 戰士
   c. 士兵　　　　　　　　d. 接受禮物的人

6. 在故事中接受國王贈禮的人們，最後都帶什麼東西給國王？
   a. 鑽石　　　　　　　　b. 奇珍異寶
   c. 拼被　　　　　　　　d. 微笑

進一步
想一想

1. 拼被人的拼被為什麼不給有錢人？

2. 拼被人為什麼幫熊做枕頭，幫麻雀做大衣？

3. 故事中國王有很多禮物，為什麼還是覺得不快樂？

4. 國王為什麼後來決定要送人禮物？送了禮物之後他覺得如何？

5. 為什麼變成窮人的國王，卻說自己是世上最富有的人呢？

6. 拼被人讓國王學會了什麼？

7. 想想看，快樂是什麼？是擁有？還是給予？

（提問者：劉淑白）

生命教育

奶奶的時鐘
（My Grandmother's Clock）

作者：潔若婷・麥考琳（Geraldine McCaughrean）
繪者：史蒂芬・蘭伯特（Stephen Lambert）
譯者：劉清彥
圖片提供：道聲
出版日期：2004年6月

故事摘要

奶奶家有一個老爺鐘，時鐘大面板的指針從來沒有移動過，裡面有一把雨傘，一支柺杖和一幅索古王的畫像。

小女孩勸老奶奶把老爺鐘送去修理，奶奶卻說：「我還有很多時鐘。」奶奶知道很多計算時間的方法。她可以用心跳計算秒鐘，一小時差不多就是洗澡水變冷的時間，也夠爺爺看完報紙，或是等於祖孫兩人遛狗的時間。奶奶可以從木蘭樹漸漸縮短或拉長的影子，判斷上午或白天結束；每天早晨，鳥兒用會歌聲叫醒

大家，傍晚會看見房子裡的燈光；每天結束時，小女孩都會知道，因為她的媽媽會親親她，跟她說晚安。

除此之外，老奶奶可以從麵包香味、漁船進港、清潔隊員清垃圾桶、學生們的腳步聲、火車上人們的臉、玩樂的時間、家人聚在一起的時間，知道一個星期時間的運行。

若是要知道一個月的時間運行，可以看月亮的圓缺；要分辨季節也很容易，春天百花盛開，夏天有霧濛濛的熱浪，秋天的樹像著了火，冬天就是結冰霜的日子。若是要算年歲，可以數一數奶奶的白髮和皺紋；若是要計算一生，可以用生日、朋友、你擁有的東西或是你記得的事；計算世紀，可以從彗星、日蝕、月蝕來判斷，整個宇宙就像上緊發條的時鐘。

奶奶認為：時間大得沒辦法放進任何手錶和時鐘，就算是走廊上的老爺鐘也是一樣。

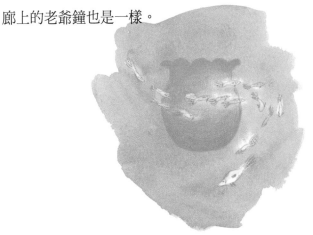

1. 這篇故事的主角是誰？

2. 這篇故事發生在什麼地方？

3. 這篇故事發生了什麼事？

4. 什麼奶奶捨不得丟掉老爺鐘？

5. 奶奶有哪些計算時間的方法？

 推敲琢磨一下
選出你認為適合的答案

1. 奶奶的老爺鐘裡放了三樣東西，但是書中<u>沒有</u>提到哪一樣呢？
   a. 一支枴杖
   b. 一幅索古王畫像
   c. 一條毛毯
   d. 一把雨傘

2. 奶奶用什麼當秒鐘呢？
   a. 呼吸
   b. 心跳
   c. 脈搏
   d. 喘氣

3. 奶奶從木蘭樹的什麼來判斷上午的時間或是白天要結束了？
   a. 花朵
   b. 葉子
   c. 影子
   d. 樹幹

4. 奶奶用來分辨季節有許多方法，下列哪一個敘述是<u>錯誤</u>的？
   a. 春天百花盛開
   b. 夏天有霧濛濛的熱浪

c. 秋天的樹分外翠綠

d. 冬天會結冰霜

5. 奶奶用什麼來計算一個月的時間？

   a. 星星   b. 太陽

   c. 月亮   d. 地球

6. 奶奶<u>沒有</u>用什麼來判斷世紀呢？

   a. 時鐘   b. 月蝕

   c. 日蝕   d. 彗星

7. 奶奶有許多計算時間的方法，下列哪一個敘述是<u>錯誤</u>的？

   a. 從房子的燈光，知道晚上到了

   b. 從漁船進港，知道星期

   c. 洗澡水變冷大約是十分鐘

   d. 每天早上，鳥兒用歌聲叫醒大家

8. 奶奶除了告訴小女孩許多計算時間的方式，還有什麼含意？

   a. 好好利用時間，不可偷懶

   b. 奶奶的時鐘是值得收藏的東西

   c. 要為自己的前程，好好規畫

   d. 發掘生命中的美好事物

1. 除了時鐘、手錶之外，你用什麼方式來知道時間呢？

2. 請你說一說為什麼奶奶捨不得丟掉壞掉的時鐘？

3. 如果有一天所有的時鐘都停擺，你的生活會不會受到影響？

4. 你認為這位老奶奶是一個怎樣的人呢？

5. 每天都帶著手錶過生活好不好呢？

6. 你要怎麼把握時間？你是否常常感恩呢？

（提問者：辛玉蘭）

....

....

....

....

....

....

....

....

....

....

....

....

....

....

....

繪本：生命教育

尼可萊的三個問題
（The Three Questions）

作者：瓊‧穆德（Jon J. Muth）
繪者：瓊‧穆德（Jon J. Muth）
譯者：張子樟
圖片提供：遠流
出版日期：2003年11月

故事摘要

　　尼可萊希望成為一個好人，但是一直不知道如何才能做到。他相信只要讓他找到三個問題的答案，他就會知道該怎麼做了：什麼時候是做事的最佳時機？什麼人是最重要的人？什麼事是最應該做的事？

　　尼可萊有三個好朋友，他們了解他，也很想幫助他，所以他們很努力的回答尼可萊的三個問題。尼可萊喜歡他的朋友，他知道，他們都在盡力幫他找出問題的答案，只是他們的答案似乎有些不太對。

　　於是，尼可萊前往深山，請教烏龜李奧，因為他在世上已經活了很多很多年了。李奧沒有答案，只是微笑著翻整他的菜園。

李奧年紀大了，這項工作對他很辛苦，因此尼可萊幫助他。工作完畢，突然吹起暴風雨，尼可萊又冒著風雨救了熊貓媽媽和她的孩子。李奧看著男孩的所作所為，露出了微笑。原來，小男孩自己就是所有答案的關鍵。

　　重要的時刻只有一個，那就是當下，最重要的人通常就是你身邊的人，最重要的事就是幫助他們的事。這就是三個問題的答案，也是人出生在這個世界上的原因。

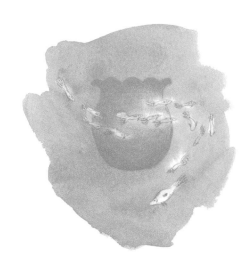

1. 尼可萊的三個問題是什麼？

2. 尼可萊為什麼想知道這三個問題的答案？

3. 尼可萊曾經向誰請教過這三個問題？

4. 尼可萊最後到哪裡去找這三個問題的答案？

5. 尼可萊是如何找到這三個問題的答案的？

6. 尼可萊是什麼時候知道這三個問題的答案的？

推敲琢磨一下
選出你認為適合的答案

1. 如何才能知道什麼時候是做事的最佳時機？
   a. 事先計畫
   b. 細心的觀察、留意
   c. 伙伴們彼此互相幫助
   d. 把握當下

2. 什麼人是最重要的人？
   a. 懂得治病的人
   b. 制定法則的人
   c. 身邊的人
   d. 最接近天堂的人

3. 什麼事是最應該做的事？

a. 打架

b. 幫助別人

c. 時時刻刻快快樂樂

d. 飛行

4. 尼可萊在尋找答案的過程中，並沒有發生哪件事情？

　a. 挖掘菜圃

　b. 照顧熊貓媽媽和她的孩子

　c. 和朋友吵架

　d. 暴風雨

5. 李奧為什麼對尼可萊的所作所為微笑？

　a. 從尼可萊身上看到答案

　b. 尼可萊勇敢，有同情心

　c. 尼可萊能幫助別人

　d. 以上皆是

6. 什麼是人來到世間的原因？

　a. 把握當下

　b. 重視身邊的人

　c. 互相幫助

　d. 以上皆是

1. 這本繪本中，紅色小風箏代表什麼涵義？如果是你，你想畫什麼？爲什麼？

2. 《尼可萊的三個問題》繪本中，繪者用了哪些動物來擔任故事的角色？你喜歡繪者的設計嗎？如果是你，你會怎麼設計？

3. 《尼可萊的三個問題》是從托爾斯泰的《三個問題》改寫的。你讀過托爾斯泰的原作品嗎？跟這個故事有哪些不一樣？你喜歡哪一種？爲什麼？

4. 關於尼可萊的三個問題，你同意李奧的答案嗎？你有沒有更好的答案？

5. 尼可萊認爲，只要找到三個問題的答案，他就可以成爲好人。其他還有什麼方法可以幫助我們成爲好人？

6. 找找看：這本繪本中有幾個跨頁的圖畫？跨頁的圖畫有什麼效果？

（提問者：林素文）

征服者
（The Conquerors）

作者：大衛・麥基（David McKee）
繪者：大衛・麥基（David McKee）
譯者：丁凡
圖片提供：和英
出版日期：2006年3月

故事摘要

　　從前有一位大國的將軍，幾乎征服所有的國家。唯一沒被征服的是一個非常小的小國家，小到將軍不屑去攻打它。這個小國沒有軍隊，也毫不抵抗。小國人民以款待貴賓的方式，來招待大國的軍隊。

　　他們讓將軍住進最舒服的房子，士兵住進一般的家庭。每天早晨，將軍會舉行閱兵典禮，然後寫信給太太和兒子。士兵則和人民聊天、唱歌、玩小國當地流行的遊戲、聽他們的故事和笑話，日子過得好不快樂。士兵還參觀小國人民烹煮食物，和他們一起享用美味的食物。士兵們閒來無事，乾脆捲起衣袖，幫忙小國人民做各種工作。

將軍發現後很生氣，就命令士兵回國，又調來另外一批軍隊。不久，新來的士兵又開始幫小國人民做許多工作，將軍只好率領大部分的軍隊回國，只留下少數精銳士兵，繼續占領小國。將軍一走，留駐的士兵就立刻換下制服，和小國人民一起工作。

　　將軍凱旋歸國，軍隊照慣例高喊：「我們打贏了！我們打贏了！」將軍回到家很開心，可是家鄉似乎不一樣了。空氣中彌漫小國食物的味道，百姓玩小國的遊戲，人們穿起小國的衣裳。將軍笑了笑：「這些都是我們贏來的戰利品哪！」晚上，將軍的兒子吵著要聽爸爸唱歌，將軍就隨口哼唱了幾首小國的歌。

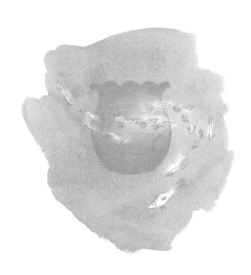

1. 這個故事中,最主要的角色是誰?

2. 這個故事發生在什麼年代?

3. 這個故事發生在什麼地方?

4. 這個故事敘述了什麼事情?

5. 將軍為什麼要四處征服別的國家?

6. 小國如何同化了將軍的軍隊?

 推敲琢磨一下
選出你認為適合的答案

1. 將軍用什麼武器征服了鄰近所有的國家?(複選)

   a. 槍械   b. 智慧

   c. 大砲   d. 愛心

2. 小小國為何<u>不</u>抵抗將軍的侵略?

   a. 因為不害怕   b. 因沒有軍隊

   c. 因小國人民很笨   d. 因懶得打仗

3. 將軍的軍隊從小國人民那兒,<u>沒有</u>學到什麼?

   a. 唱歌   b. 玩遊戲

   c. 穿著打扮   d. 閱兵

4. 將軍的士兵主動幫小國人民做哪些工作?(複選)

   a. 拉馬車   b. 刷油漆

c. 耕田　　　　　　　d. 搬運木柴

5. 爲什麼將軍從小小國撤回時，軍隊要高喊：「我們打贏了！」
　（複選）
　　a. 因喊習慣了
　　b. 因回到自己的家很快樂
　　c. 因將軍愛面子
　　d. 因將軍規定的

6. 你覺得將軍征服了小小國嗎？
　　a. 大大征服了
　　b. 獲得小小的勝利
　　c. 根本沒有打贏
　　d. 很難判斷

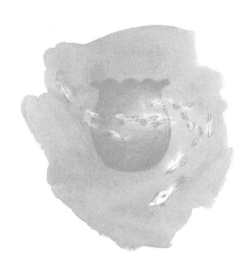

1. 你覺得這篇故事的主要寓意是什麼？

2. 你覺得大國將軍攻打鄰國的理由正確嗎？爲什麼？

3. 爲什麼小小國不訓練強大的武裝軍隊，來保護自己的國家？

4. 你覺得小小國款待將軍他們的方式聰明嗎？

5. 你覺得這位將軍了解他的部屬心理的想法嗎？

6. 你覺得這故事中，眞正的「征服者」是誰？使用的武器是什麼？

7. 你覺得主人翁將軍有改變嗎？如果由你來寫續集，你會如何發展後續的故事？

（提問者：劉治萍）

大自然的呼喚

夏夜
（選自《永遠的楊喚》）

作者：楊喚
繪者：黃本蕊
圖片提供：和英
出版日期：2008年7月二版

📖 故事摘要

　　夏天裡，什麼時候最清涼？當夏天的夜，從椰子樹梢上輕輕爬下來的時候。

　　夏天的夜，什麼時候來呢？當街燈亮起來，向村莊道過晚安，夏夜就輕輕的來了。

　　夏夜裡，有什麼呀？有滿天的珍珠，一枚又大又亮的銀幣，朦朧的山巒、田野，還有甜甜蜜蜜走入夢鄉的小弟弟和小妹妹。

　　小弟小妹夢見了什麼？小妹妹夢見她變作蝴蝶，在大花園

裡忽東忽西的飛。小弟弟夢見他變做一條魚，在藍色的大海裡游水。

　　靜靜的夏夜裡，誰還醒著呀？伸長藤蔓往屋頂上爬的南瓜，低聲歌唱的綠色小河，還有從竹林裡跑出來的夜風，還有提燈的螢火蟲⋯⋯。

　　哎呀！美麗的夏夜，真是靜靜悄悄，熱熱鬧鬧呀！

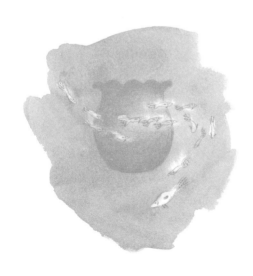

1. 這首童詩主要在描寫誰？

2. 這首童詩是描摹什麼時節？

3. 這首童詩的場景在哪裡？

4. 這首詩的內容在描述什麼事情？

5. 夏天的夜裡，為什麼又是寧靜，又是熱鬧呢？

6. 這樣一首饒富童趣的詩句，是如何產生的？

推敲琢磨一下
選出你認為適合的答案

1. 這首童詩的作者是誰？
   a. 林良　　　　　　　　b. 楊喚
   c. 余光中　　　　　　　d. 林煥彰

2. 這首詩名為〈夏夜〉，讓人有哪一種感覺？
   a. 悲傷　　　　　　　　b. 炎熱
   c. 清涼　　　　　　　　d. 寒冷

3. 這首詩中唯一提到的科技產物是什麼？
   a. 電扇　　　　　　　　b. 電燈
   c. 燈籠　　　　　　　　d. 火輪子

4. 這首童詩的寫作法是＿＿＿。
   a. 頂真法　　　　　　　b. 排比法

c.諷喻法　　　　　　　　d.擬人法

5.這首詩中的文句，可以感受到什麼？

   a.聲音　　　　　　　　b.動作

   c.色彩　　　　　　　　d.味道

6.夏天的炎熱，表現在哪一句中？

   a.火紅的太陽，滾著火輪子回家了

   b.羊隊和牛群，告別了田野回家了

   c.來了，來了，從山坡上輕輕的爬下來了

   d.當街燈亮起來，向村莊道過晚安

進一步
想一想

1.在這首詩中，「撒了滿天的珍珠」和「一枚又大又亮的銀幣」，其中「珍珠」和「銀幣」各是譬喻什麼？

2.在清涼寧靜，令人昏沉入睡的夏夜中，有哪些人或物仍精神抖擻的清醒著？

3.在哪些詩句中，你可以看出「夏夜」的腳步？

4.這首詩中，有哪些詩句是描述「靜中有動、動中有靜」的畫面？

5.你認為這首詩，適合幾歲的人賞讀？為什麼？

6.這首童詩中，你最喜歡哪一個句子或意象？

（提問者：劉治萍）

童話涉及奇幻（如擬人化等），趣味性不低於繪本，但文字較多，提問的設計以故事內容為重心，再延伸至故事的邏輯性，推論也必須合理。

守信與承諾

青蛙王子

（選自《格林童話故事全集》）

編者：格林兄弟（Brothers Grimm）
譯者：徐珞、余曉麗、劉冬瑜等
圖片提供：遠流
出版日期：2001年1月

故事摘要

　　從前，在人們的願望還能夠實現的時候，有一位美麗的公主，她是國王最小、最漂亮的女兒。平時她喜歡玩拋接金球的遊戲，這顆金球是公主最心愛的玩具。

　　有一天，公主在王宮附近的森林裡玩著拋接金球的遊戲時，一不小心，金球掉進水井裡。小公主望著深不見底的井水，急得哭了起來。這時，有一隻小青蛙自告奮勇的表示願意幫公主撿回金球，只要公主答應做他的朋友，兩個人一起玩、一起吃喝、一

起睡。為了拿回金球，小公主隨口答應。

小青蛙見公主答應了自己的條件後，馬上鑽進水裡，不一會兒，就含著金球回到水面。小公主一看到自己心愛的玩具，欣喜萬分，撿起金球後，頭也不回的跑回王宮，完全不理會青蛙的喊叫。

第二天，小青蛙出現在王宮門外，拍著大門，要求公主實現諾言。小公主慌極了，因為她完全不想和青蛙做朋友。國王了解事情的原委之後，認為小公主應該遵守承諾。於是，公主勉為其難的為青蛙打開大門，並和青蛙共用金盤裡的食物。

用完餐後，小青蛙想睡覺了，他堅持要和公主睡在同一張床上，公主非常生氣，撿起青蛙使勁往牆上扔，就在此時，小青蛙突然變成一位英俊的王子。原來王子被一位邪惡的巫婆施了魔法，變成一隻青蛙，只有小公主可以解救他。已解除魔咒的王子邀請公主到他的王國。

隔天早上，海因里希駕著馬車來接王子回去。海因里希是王子忠實的隨從，在王子被巫婆變成青蛙後，海因里希便用三根鐵箍綁在胸口上，防止自己的心因為過度悲傷而破裂。在迎接王子回國的路程上，海因里希因為太高興，鐵箍一根一根的斷了，不知情的王子聽到鐵箍斷的聲響還以為是馬車壞了呢！

1. 這個故事發生在什麼時候？

2. 故事的主角是誰？

3. 故事發生的地點在哪裡？

4. 這篇故事是在講述什麼事？

5. 公主完全不想和青蛙做朋友，青蛙為什麼還要一直纏著公主？

6. 公主完全不想履行承諾，最後她如何改變主意決定遵守諾言？

推敲琢磨一下
選出你認為適合的答案

1. 公主最心愛的玩具是什麼？
   a. 金球　　　　　　　　b. 馬車
   c. 金盤　　　　　　　　d. 鐵箍

2. 公主在森林裡玩金球時，一不小心，金球掉進哪裡？
   a. 池塘　　　　　　　　b. 小溪
   c. 大海　　　　　　　　d. 水井

3. 誰幫公主撿回金球？
   a. 海因里希　　　　　　b. 青蛙
   c. 英俊王子　　　　　　d. 僕人

4. 公主為什麼不願意遵守和青蛙做朋友的諾言？因為＿＿＿。（複選）

a. 自己是貴族，不用理會其他階級的人

b. 公主很調皮，喜歡戲弄別人

c. 公主怕青蛙，連摸都不敢摸

d. 公主個性孤僻，不喜歡交朋友

5. 王子怎麼會變成青蛙？因為＿＿＿。

    a. 掉進水井裡，井水有魔咒

    b. 被僕人陷害

    c. 被公主詛咒

    d. 被邪惡的巫婆施了魔法

6. 誰才可以解開王子的魔咒？

    a. 公主   b. 國王

    c. 巫婆   d. 海因里希

7. 海因里希是誰？

    a. 王子的兄弟   b. 王子的隨從

    c. 巫婆的隨從   d. 公主的僕人

8. 海因里希為什麼要在胸口綁上三根鐵箍？

    a. 鍛鍊身體

    b. 被巫婆施了魔法

    c. 怕自己的心因為悲傷過度而破裂

    d. 王子命令的

1. 你最喜歡故事中哪一個角色？爲什麼？

2. 故事中的公主非常怕青蛙，所以一直採取逃避的態度。生活中，你有沒有害怕的事物，當它（或牠）出現在身邊時，你如何面對？

3. 讀完這篇故事，有什麼心得？

4. 如果是你，會如何改編這篇故事呢？

5. 你喜歡這篇故事嗎？爲什麼？

6. 你曾經看過哪一篇故事（或電影）的情節和這則故事有關？

（提問者：邱慧敏）

漁夫和他的妻子
（選自《格林童話故事全集》）

編者：格林兄弟（Brothers Grimm）
譯者：徐珞、余曉麗、劉冬瑜等
圖片提供：遠流
出版日期：2001年1月

故事摘要

　　從前，有個漁夫和妻子住在海邊的小茅屋。漁夫每天一大早帶著釣竿去釣魚，晚上才回家。

　　有一天，他釣到一條很大的比目魚。比目魚竟開口說他並不是一般的比目魚，而是一位中了魔法的王子，請漁夫把他放回水裡。漁夫毫不遲疑便把比目魚放了。

　　回到家中，妻子看到丈夫雙手空空的回來，就問他：「今天又沒釣到魚嗎？」誠實的漁夫照實說了，妻子要丈夫跟比目魚要求一棟瓦屋。漁夫雖不願意，又不敢違背妻子的意思，只好回到海邊，跟比目魚說出妻子的心願：「比目魚啊，你在大海裡，懇請你好好聽我說仔細，我捉你放你沒提願望，老婆對此卻不饒又

不依。」沒想到比目魚一口就答應。果然，他回家看到的是一間瓦房。

新房子寬敞又設備齊全，但是，兩個星期後，妻子感到不滿足，便叫丈夫去跟比目魚要一座城堡，漁夫又硬著頭皮去說了妻子的心願。他回到家，妻子已經站在城堡前了。有了僕人侍奉的妻子，仍然不滿意，她說她要當個國王，漁夫又再次向比目魚訴說妻子的想法。城堡變成華麗的宮殿，妻子已變成被士兵、大臣、宮女服侍的女王，但是，她還是不滿足！

妻子這次想當教皇，漁夫禁不起妻子凶狠的對待，只好照辦。比目魚又一次的成全妻子的心願。然而，當她看到升起的太陽時，便告訴丈夫她想當神，操縱太陽和月亮。妻子惡毒的眼神，讓漁夫再度屈服，他害怕的跑到狂風四起的海邊，無奈的說著妻子的願望。

這一次，比目魚讓妻子坐在當初居住的茅草屋前。

1. 這個故事的主角是誰？

2. 這個故事發生在什麼時候？

3. 這個故事發生在什麼地方？

4. 這個故事在敘述什麼事件？

5. 為什麼漁夫要一直照著妻子的話去做？

6. 妻子無止盡的欲望是如何停止的？

推敲琢磨一下
選出你認為適合的答案

1. 漁夫為什麼要把比目魚放了？因為他____。
   a. 很害怕　　　　　　b. 很善良
   c. 很傻　　　　　　　d. 很生氣

2. 妻子為什麼要丈夫去跟比目魚要求東西？是因為____。
   a. 比目魚自己說的
   b. 她覺得比目魚應該要答謝漁夫的放生行為
   c. 漁夫認為應該要討這條人情
   d. 給比目魚施魔法的人說的

3. 比目魚為什麼要給漁夫的妻子這麼多的願望？因為牠覺得
   ____。（複選）
   a. 漁夫的處境很可憐　　b. 漁夫的恩情很大

c. 漁夫的妻子很善良　　　d. 自己有這個能力

4. 從妻子跟丈夫說話的態度來看，你覺得她應該加強自己哪方面的能力？（複選）

a. 情緒管理的能力　　　　b. 出海捕魚的能力

c. 與人溝通的能力　　　　d. 自我反省的能力

5. 哪一個成語最適合用來形容妻子的特質？

a. 貪得無厭　　　　　　　b. 貪小失大

c. 貪贓枉法　　　　　　　d. 戀酒貪杯

進一步
想一想

1. 猜一猜，王子為什麼會中了魔法變成比目魚？為什麼他無法恢復人形？

2. 如果你是漁夫的妻子，當你聽到漁夫放了會說話的比目魚時，你會怎麼做？

3. 如果你是漁夫，你會不會違背妻子的命令？為什麼？如果你是比目魚，你會滿足漁夫的妻子這麼多願望嗎？試說出理由。

4. 看完這個故事，讓你想起身邊的什麼事件？這個故事對你而言，有產生什麼樣的影響嗎？

（提問者：林麗麗）

睡美人
（選自《格林童話故事全集》）

編者：格林兄弟（Brothers Grimm）
譯者：徐珞、余曉麗、劉冬瑜等
圖片提供：遠流
出版日期：2001年1月

故事摘要

　　某某王國的國王和皇后渴望能有個孩子，一隻青蛙跳出來預告，他們即將會擁有一位公主。果真如青蛙所說，皇后生下了一位公主。在慶祝公主出生舉辦的派對中，因為國王只有十二個金盤，便只邀請全國十三位算命師中的十二位，現場每一位算命師輪流給公主一份祝福，當第十一個算命師祝福公主之後，沒被邀請的第十三位算命師不請自來，她詛咒：「公主在15歲時，會被紡錘刺到，倒地而死。」這時，尚未祝福的第十二位算命師，雖然無法消除惡毒的詛咒，但是將又給了「公主不會倒地而死，而是沉睡一百年」的祝福。

　　為了保護公主，國王便下令將全國的紡錘統統燒掉。公主漸

漸長大，在她15歲那年，當國王和皇后都不在家的某一天，進到一個古老的鐘樓，看見一位老婆婆正在紡麻線，公主好奇地拿起紡錘那一刻，詛咒靈驗了。公主立刻倒下睡著，剛踏進皇宮的國王和皇后和其他皇宮內的居民、動物都一起跟著沉睡。

慢慢地，王宮周圍長出許多帶刺的樹叢，最後把王宮都掩藏起來，很多想進叢林看睡美人的王子都慘死在樹叢裡。後來，又有一位王子想來看睡美人，因為時間剛好是一百年了，所有恐怖的樹叢自動為王子讓出一條路，王子順利來到睡美人的床前吻了她，公主醒了之後，他們便舉辦婚禮，並幸福地生活著。

1. 這篇故事的主角是誰？她的身分是什麼？

2. 睡美人在何時開始沉睡？

3. 什麼事情讓睡美人開始沉睡？

4. 睡美人開始沉睡的地點是在哪裡？

5. 王子為什麼要進入茂密的叢林？

6. 國王如何避免公主沉睡一百年？

推敲琢磨一下
選出你認為適合的答案

1. 國王邀請算命師的目的是什麼？
   a. 讓他們分紅包而開心
   b. 讓他們吃大餐
   c. 讓他們喜歡他的女兒
   d. 讓他們試試他們的預言是否靈驗

2. 第十三位算命師為什麼要詛咒公主？
   a. 她忌妒公主的美麗
   b. 和皇后有過節
   c. 報復沒被邀請參加派對
   d. 被國王判刑

3. 國王為什麼要燒掉全國所有的紡錘？

a. 爲了怕公主愛上紡織
b. 因爲紡錘都有毒
c. 紡錘是過時的工具
d. 避免詛咒應驗

4. 有些王子最後沒有辦法進入王宮，可能是因爲＿＿＿。
a. 睡美人還沒醒來
b. 太辛苦了，都半途放棄
c. 樹林裡有巨龍
d. 一百年還沒到

5. 最後一位王子，第一次來到沉睡一百年的公主面前時，爲什麼要吻公主？
a. 因爲公主的美而情不自禁
b. 因爲不吻白不吻
c. 因爲想向她求婚
d. 因爲知道吻才能讓公主醒過來

1. 如果你是沒有受邀的算命師，你會覺得以「只有十二個金盤」為理由而不邀請你，你能接受嗎？你可以接受的理由是什麼？

2. 如果你是第十二位算命師，在無法更改前面一個詛咒的情況下，你會給公主什麼樣的祝福呢？

3. 你覺得國王應如何預防公主不被紡錘刺到呢？

4. 美貌、善德、財富，你有更好的祝福嗎？如果這三個只有一個能實現，你希望自己能得到哪一個？

5. 最後一位王子剛好在一百年時，來到了城堡裡，不花一點功夫就娶到公主了。合理嗎？你覺得怎麼安排才合理？

6. 依你猜想，在古老的鐘樓上紡麻線的老婆婆是誰？

（提問者：黃蔚軒）

愛的分享

原著：奧斯卡・王爾德　翻譯：劉清彥

自私的巨人

自私的巨人
作者：王爾德（Oscar Wilde）
譯者：劉清彥
圖片提供：道聲
出版日期：2005年4月

改寫：費歐娜・華特斯　繪圖：費莉思・納格偉

故事摘要

　　從前有一個自私的巨人，他擁有一座大花園。每天下午，孩子們放學以後，總喜歡溜進花園裡遊玩。

　　有一天巨人回來了，他看見小孩們在花園裡追逐嬉戲。他粗暴的叫著：「花園是我的，除了我以外，任何人都不准在裡面玩。」於是，他在花園的四周築了一道高牆，小孩們沒有玩的地方了，常常在高牆外面流連徘徊，因為進不去，只好失望的走開。

春天來了，繁花盛開，小鳥鳴唱，只有巨人的花園裡卻仍舊是凜冽的寒冬。一天清晨，巨人看見孩子們從牆上的一個小洞，鑽進花園裡來，他們坐在樹枝上面。鳥兒四處飛舞，花朵探出頭來。只有在花園裡最遠的角落，還有冬天的足跡，一個小孩正站在那裡。他太小了，他的手還搆不到樹枝，在那裡簌簌的哭泣。巨人看見，他的心軟化了。他走進花園，抱起那個小孩放到枝幹上，隨後把牆毀掉，讓他的花園永遠變作孩子們的遊戲場，可是巨人卻再也沒看見那個被他抱起的小孩了。

　　許多年過去了，巨人年老體衰。一個冬天的清晨，他突然發現花園的最遠的一棵樹上，開滿了雪白的小花。那棵樹下就站著他所愛的那個小男孩。巨人看見小孩的兩隻手掌心上出現著兩個釘痕，雙腳背上也有兩個釘痕，非常憤怒。小孩卻說：「這是愛的釘痕啊！」巨人便在小孩面前跪下來。小孩微笑的對巨人說：「你曾經讓我在你的花園裡玩，今天我要帶你到我的花園裡去，那就是天堂！」那天下午，小孩們跑進花園裡時，他們發現巨人靜靜的躺在一棵樹下，身上覆滿了白花。

提問 牛刀小試 關於故事

1. 這篇故事的主角是誰？

2. 這篇故事發生在什麼地方？

3. 這篇故事發生了什麼事？

4. 為什麼巨人不讓小孩子到花園裡玩耍？

5. 巨人為什麼改變心意？

6. 巨人改變心意之後，做了哪些事？

推敲琢磨一下
選出你認為適合的答案

1. 小孩子都喜歡到巨人的花園來玩的原因，<u>不包括</u>下列哪一項？
   a. 花園裡種滿了花草
   b. 小鳥在樹上唱歌
   c. 巨人去旅遊了
   d. 可以在花園賞雪

2. 巨人離開他的花園到外地去的原因是＿＿＿。
   a. 尋找一處更美麗的花園
   b. 拜訪他的好友食人魔
   c. 學習一項新的手藝
   d. 到世界各地去旅行一直是巨人的夢想

3. 巨人為什麼要封閉他的花園？

a. 擔心孩子會在花園裡亂丟垃圾

b. 屬於自己的東西，不能與他人分享

c. 花園被冬天給占據，沒什麼可以欣賞與玩耍的地方

d. 因為他打算外出訪友，所以要關閉花園

4. 下列哪一個選項<u>不是</u>巨人築起一道牆之後發生的事？

　　a. 小孩子少了一個遊戲的地方

　　b. 花園裡冷冷清清的

　　c. 樹枝長不出新芽

　　d. 小鳥唱出悅耳的歌聲

5. 春天忘記了巨人的花園，所出現的景象，<u>不包括</u>下列哪一個選項？

　　a. 大雪用白色的斗篷覆蓋大地

　　b. 寒霜將樹塗染成一片銀白

　　c. 北風狂奔吼叫

　　d. 花朵探出頭來

6. 巨人雖然築起一道牆，但春天又來到巨人的花園的主要原因是什麼？

　　a. 巨人改變心意

　　b. 小孩子們偷偷溜進來

　　c. 桃樹忘了開花

　　d. 花朵在草叢中安眠

7. 春天再度來到巨人的花園時，為什麼在花園裡最遠的角落，仍有冬天的足跡？因為＿＿＿。

　　a. 春天的腳步比較慢

　　b. 大雪不肯離去

c. 角落的小孩還搆不到樹枝

d. 角落的花開得較慢

8. 當巨人年老體衰，欣賞自己的花園時，他認為花園中最美的是哪一種花？

　　a. 像星星一樣的花朵

　　b. 珍珠色的花朵

　　c. 小孩子們

　　d. 雪白色的小花

9. 閱讀以下這段文字，你認為作者真正要表達的意思是＿＿＿。

　　「於是冰雹也來了，他每天在城堡的屋頂喋喋不休地至少說上三個鐘頭，直到損壞了屋瓦為止。」

　　a. 冰雹是個非常喜歡說話的人

　　b. 冰雹與北風是好朋友，他們一見面就有聊不完的話題

　　c. 猛烈、持續下個不停的冰雹弄壞了屋頂

　　d. 冰雹是個非常會說故事的人

10. 為什麼巨人對他抱到樹上的那個小男孩念念不忘？

　　a. 因為那男孩親吻過巨人

　　b. 因為那男孩的哭聲讓巨人自私的心在那一刻起變得柔軟

　　c. 因為他是第一個教會巨人愛的男孩

　　d. 以上皆是

11. 為什麼巨人靠近想念了許久的男孩之後，卻氣得滿臉通紅？

　　a. 男孩忘了巨人是誰

　　b. 男孩受到了他人的傷害

　　c. 男孩被別人欺負，哭得很傷心

　　d. 巨人本來就有情緒失控的傾向，喜歡拿刀威脅人

進一步
想一想

1. 巨人的花園有什麼特別的地方呢？

2. 說一說，為什麼巨人把哭泣的男孩抱到樹上後，那棵
   枯樹立刻長出嫩綠的葉子？

3. 巨人看見小孩的兩隻手掌心上出現釘痕，雙腳背上有
   釘痕，小孩卻說：「這是愛的釘痕啊！」你認為這個
   小孩子是誰？

4. 你認為故事中的巨人是一個怎樣的人？

5. 你對巨人的定義是什麼？你希望將來成為怎樣的巨
   人？

（提問者：辛玉蘭、黃敏菁）

年輕的國王
（選自《眾神寵愛的天才：王爾德童話集》）

作者：王爾德（Oscar Wilde）
譯者：劉清彥
圖片提供：格林文化
出版日期：2000年10月

 故事摘要

　　公主不顧反對與一位擅長吹笛的外地人結婚，等生下孩子一周後被人偷偷抱走送給了膝下猶虛的牧羊人撫養，這位傷心的公主不久就死了，後來老國王在臨終前派人找到少年並將王位繼承給他。

　　年輕的國王深深被豪華的皇室生活、尊貴的寶石、美麗精緻的服飾所吸引，他期待加冕時要用的服飾及權仗，並下令工匠不分晝夜趕製出來。有一天晚上當年輕的國王睡覺時他做了三個怪夢，第一個夢他看見工人辛勞地為加冕時要用的服飾努力工作。第二個夢他看見奴隸不斷潛水到大海中找尋珍珠，最後竟然疲勞致死。第三個夢「死亡」想要「貪婪」手中的穀子，由於「貪

婪」不肯，「死亡」就放出瘧疾、熱病及瘟疫，造成為數眾多的人民死亡，年輕的國王問「死亡」和「貪婪」到底是誰？他們在尋找什麼呢？突然站在他身後的人說：「他們在尋找加冕時皇冠上的紅寶石。」

從夢中醒來的年輕的國王說：「我加冕時的衣服是織工用蒼白的手織出來的，紅寶石由奴隸的鮮血染紅的，珍珠被死亡的陰影籠罩著，我絕對不穿戴它們。」因此下令拿走了身邊所有華麗珍貴的用品及服飾，換上之前的粗羊皮外套及皮衣，大臣們都非常不以為然，並認為年輕的國王腦筋有了問題，百姓說：「正是因為富人過奢侈的生活，窮人才能生存下去，如果主人不給我們工作，我們會更加痛苦，穿戴回華麗的用品及服飾吧。」年輕的國王詢問說：「富人與窮人難道不是兄弟關係嗎？」百姓說：「是呀！富裕兄弟的名字叫該隱，他殺死了自己的弟弟。」

傷心的年輕的國王到了教堂，主教不滿他的穿著也無法認同他陳述的三個夢，這時一群手拿利器的貴族要追殺打扮像乞丐的國王，年輕的國王低下頭祈禱，竟然出現奇蹟，陽光穿過窗戶灑在他身上，光線為他織出一件金袍，乾枯的牧羊手杖開出花朵，貴族們放下武器跪了下來，主教說：「比我更偉大的人為你加冕了。」年輕的國王一臉肅穆分明是一張天使的臉。

提問 牛刀小試 關於故事

1. 故事的主角是誰？

2. 年輕的國王繼承王位前是從事什麼工作？

3. 年輕的國王到了哪裡完成他的加冕儀式？

4. 為什麼年輕的國王不再穿戴華麗珍貴的用品及服飾？

5. 年輕的國王什麼時候開始覺悟要體恤百姓的辛勞？

6. 年輕的國王如何被比主教更偉大的人加冕？

推敲琢磨一下
選出你認為適合的答案

1. 公主不顧父王的反對與什麼人結婚？

    a. 牧羊人   b. 奴隸

    c. 織工   d. 外地人

2. 下列哪一選項<u>不是</u>年輕的國王作的怪夢？

    a. 織工辛勞地為加冕時要用的服飾努力工作

    b. 奴隸不斷潛水到大海中找尋珍珠最後疲勞致死

    c. 死亡想要貪婪手中的穀子，就放出瘧疾、熱病及瘟疫，造成為數眾多的人民死亡

    d. 貴族要追殺自己

3. 貴族為什麼要追殺打扮像乞丐的年輕國王？

    a. 因為他以前是牧羊人

b.因為他下令工匠不分晝夜趕製出加冕的服飾

c.國王穿著低下的乞丐裝扮是有辱國格

d.年輕國王作的怪夢會召來災難

4.年輕的國王身上出現哪些神蹟？

　a.光線為他織出一件金袍

　b.乾枯的牧羊手杖開出花朵

　c.三個具有啟發意義的怪夢

　d.以上皆是

5.主教說：「比我更偉大的人為你加冕了。」你認為這個人可能是誰？

　a.老國王　　　　　b.上帝

　c.該隱　　　　　　d.天使

進一步
想一想

1.第三個怪夢中的死亡及貪婪可能有什麼隱喻？

2.百姓說：「富裕兄弟的名字叫該隱，他殺死了自己的弟弟」是什麼意思？

3.如果你是貴族會相信年輕的國王的怪夢而同意他的作為嗎？

4.你認同「正是因為富人過奢侈的生活，窮人才能生存下去」這段話嗎？

5. 故事中安排孩子被偷走交給牧羊人撫養，作者可能的
   想法為何？

（提問者：張嘉慧）

知識補給站

　　該隱和亞伯是亞當和夏娃的孩子，亞伯牧羊而該隱務農，後來他們分別向耶和華獻上供品，只是因為耶和華看不中該隱的供品，他就大大發怒，變了臉色。耶和華問他：「你為什麼發怒？為什麼變了臉色呢？」耶和華指出他放任的行徑會導致可怕的後果。可惜該隱沒有聽耶和華的勸告，他把亞伯帶到田間去將他殺了。

夜鶯
（選自《安徒生故事全集》）

作者：安徒生（H.C. Andersen）
譯者：葉君健
圖片提供：遠流
出版日期：2005年4月

故事摘要

　　中國皇帝的宮殿美麗尊貴，花園精緻廣大，就因為廣大，即使夜鶯就住在樹林裡，每天唱著美妙的歌聲，但是皇帝卻還是透過書的介紹才發現夜鶯的存在。他命令大臣帶夜鶯來歌唱給他聽。在小女傭的帶領下，他們終於發現了這隻灰色毫不起眼的夜鶯，但在聽過牠如玻璃鐘響的歌聲後，都讚美不已。夜鶯說：「我的歌只有在綠色的樹林裡才唱得最好！」但牠還是到宮殿唱給皇帝聽了。皇帝聽得情不自禁流淚，牠沒有接受皇帝的賞賜，因為牠已收到最珍貴的禮物——眼淚。

　　夜鶯被留在宮廷，少了自由。有一天，皇帝收到日本寄來的包裹內有一隻人造的夜鶯。當大家聽著這隻機器鳥不斷唱歌時，

夜鶯飛出了窗外，回到樹林。這隻人造夜鶯被封為「高貴皇家夜間歌手」、「左邊第一」。

　　一年後，人造夜鶯故障，儘管修好，一年也只能唱一首歌。五年後，皇帝生病，將不久於人世。死神坐在他的心坎上，頭戴王冠，一手拿寶劍，一手拿令旗，數落著皇帝做過的好、壞事。皇帝命令人造夜鶯唱歌來掩蓋這些聲音，但是四周一片寂靜。忽然，窗外傳來美麗的歌聲，夜鶯出現了！連死神都為牠的歌聲著迷，夜鶯要求死神交出王冠、寶劍、令旗，牠才唱出一首首歌。當死神離開後，皇帝感謝夜鶯，詢問該如何報答？夜鶯說：「我已得過你的眼淚，每一滴淚都是珠寶──它可以使歌者心花怒放。」所以牠只求自由自在，每天黃昏為皇帝歌唱，也請皇帝保密牠會將所見的事情說給皇帝聽。

　　皇帝恢復健康了，他望著以為他將死的侍從說了句：「早安。」

1. 這篇故事的主角是誰？

2. 這篇故事發生在哪一個國家？

3. 旅行家認為什麼是一切東西中最美的東西？

4. 皇帝如何掙脫死神的召喚？

5. 夜鶯在何時逃離出皇宮？

6. 為什麼夜鶯一再拒絕皇帝的賞賜？

推敲琢磨一下
選出你認為適合的答案

1. 當貴族侍臣們跟著小女傭去樹林裡找夜鶯時，他們聽到的第一個聲音是哪一種動物所發出來的？
   a. 老鷹　　　　　　　　b. 羊
   c. 牛　　　　　　　　　d. 青蛙

2. 在皇上第一次聽完夜鶯的歌聲後，下列哪一項敘述是<u>錯誤</u>的？
   a. 夜鶯很開心收到金拖鞋
   b. 皇帝被夜鶯的歌聲打動
   c. 皇帝要將金拖鞋掛在鳥兒脖子上
   d. 皇帝流下了眼淚

3. 下列哪些對夜鶯的敘述是正確的？（複選）
   a. 唱歌很好聽　　　　　b. 金色的

c. 心地善良　　　　　　　d. 小小的

4. 漁夫說人造夜鶯唱得倒也不壞，很像一隻真鳥兒，不過它似乎總缺少了一種什麼東西？你覺得會是什麼？（複選）
a. 音準　　　　　　　　　b. 感情
c. 生命　　　　　　　　　d. 節奏感

5. 夜鶯希望皇帝守的祕密是什麼？
a. 牠唱歌給死神聽
b. 牠曾經回來過
c. 淚滴是歌者心花怒放的原因
d. 他有一隻什麼事都會講給他聽的小鳥

進一步
想一想

1. 夜鶯第一次為皇帝歌唱造成的轟動，令人們有哪些奇怪的行為？

2. 下列文句敘述有著誇飾的寫法，請在文中找出其他誇飾的句子？
「那些最名貴的花上都綁著銀鈴，好使得走過的人一聽到鈴聲就不得不注意這些花兒。」
「你看它是多麼平凡呀！這一定是因為它看到有這麼多官員在旁，嚇得失去光彩的緣故。」

3. 「夜」、「鶯」在丹麥文中是Nattergal。而作者似乎開了一個文字玩笑，因為若將此單字拆開，Natte（夜，複數），gal在丹麥文中是發瘋的意思。你對這種說法認同嗎？為什麼？

4. 故事最後，皇帝恢復健康，說了聲：「早安。」你覺得「早安」對照著以為皇帝死去的侍從有何意味？皇帝還是以前的皇帝嗎？夜鶯還是以前的夜鶯嗎？請說說看你的想法。

5. 夜鶯告訴皇帝：「我將每日為您唱首歌，教您快樂，也教您深思。我將歌唱出那些幸福的人們和那些受難的人們。我將歌唱隱藏出您周圍的善與惡。」這讓您想到其他哪些故事？或哪些人物？

（提問者：周淑琴）

親情的擁抱

野天鵝

（選自《安徒生故事全集》）

作者：安徒生（H. C. Andersen）
譯者：葉君健
圖片提供：遠流
出版日期：2005年4月

故事摘要

　　在一個遙遠的地方，國王有十一個兒子和一個女兒愛莉莎，過著幸福快樂的日子。但好景不常，在娶了繼母之後，王子與公主被趕出了城堡；愛莉莎被送到鄉下給農夫收養，而十一位王子則被變成野天鵝，飛往森林深處。

　　愛莉莎15歲時回到皇宮，繼母嫉妒她的美麗，想盡辦法讓國王認不出他的女兒，於是愛莉莎只能難過的離開皇宮。在夕陽西下的海邊，遇見了思念已久的哥哥們，每當太陽升起時，就會

變回野天鵝，等到太陽西下時才能恢復人形，仙女告訴愛莉莎，唯有用帶刺蕁麻織成十一件長袍，披在哥哥的身上，咒語才能解除，但期間都不能開口說話，否則會危及哥哥的性命。

　　剛完成第一件長袍時，另一個國家的國王在打獵時發現愛莉莎，便決定娶她為妻，但大主教卻竭盡所能阻止這樁婚事，始終相信愛莉莎的國王，因為誤會愛莉莎與食屍鬼是同一夥的，就決定讓人們審判她，為了哥哥們的性命，無法開口解釋的愛莉莎，終究被關進大牢。

　　在被處死的前一刻，天上飛來十一隻野天鵝，愛莉莎將幾近完成的袍子拋到他們身上，哥哥們變回了王子，愛莉莎終於能親口證明自己的無辜與清白，擊敗了邪惡，贏得幸福。

童話：親情的擁抱

1. 這篇故事的主要角色有誰？他們之間的關係為何？

2. 主角們的快樂幸福的生活，從什麼時候開始有了轉變？

3. 這篇故事的主角們發生了什麼事？

4. 這篇故事發生在什麼地方？

5. 為什麼王子們會變成野天鵝？

6. 野天鵝如何永久變回人類？

推敲琢磨一下
選出你認為適合的答案

1. 愛麗莎在幾歲的時候再度回到皇宮？
   a. 11歲　　　　　　　b. 15歲
   c. 17歲　　　　　　　d. 19歲

2. 哪一項<u>不是</u>王后藉由三隻癩蝦蟆對愛麗莎進行的詛咒？
   a. 愚蠢　　　　　　　b. 醜陋
   c. 邪念　　　　　　　d. 不能說話

3. 野天鵝要在何時才會恢復成人形？
   a. 太陽下山後　　　　b. 太陽升起時
   c. 月亮升起時　　　　d. 半夜

4. 哪一位哥哥和愛莉莎最親近？
   a. 第十個哥哥　　　　b. 最大的哥哥

c. 最小的哥哥 　　　　　　 d. 第三個哥哥

5. 哪一件事<u>不是</u>仙女交代愛麗莎要做的？
　　a. 採集帶刺蕁麻
　　b. 將縫好的袍子披在自己身上
　　c. 紡麻縫製長袖袍子
　　d. 不能開口說話

6. 被帶到皇宮的愛麗莎，為何由愁容滿面轉而露出微笑？因為國
　　王＿＿＿。
　　a. 為她預備最好的佳肴
　　b. 請最美麗的姑娘跳舞
　　c. 領她走過芳香的花園
　　d. 房間中放著她的麻線和已經縫好的袍子

7. 「助人為快樂之本」，但是誰<u>沒有</u>幫助過公主？
　　a. 仙女 　　　　　　　　 b. 小老鼠
　　c. 大主教 　　　　　　　 d. 老太婆

8. 公主在編織披甲的過程中，為什麼都不說話？
　　a. 因為心情不好，不想說話
　　b. 因為怕王后的魔咒會失效
　　c. 因為害怕自己也會變成野天鵝
　　d. 不希望哥哥因此喪命

9. 故事中所強調的主題和下列哪一個故事相同？
　　a. 醜小鴨 　　　　　　　 b. 糖果屋
　　c. 堅定的錫兵 　　　　　 d. 人魚公主

1. 為什麼被王后吻過的三隻癩蝦蟆最後還能變成花？

2. 王后如何使國王再也認不出美麗的愛莉莎？

3. 愛莉莎在海邊看見，無數的小石子被海水沖得變光滑了，心中有什麼樣的想法？

4. 由哪些地方可以看出最小的哥哥和愛麗莎最親近？

5. 國王對愛麗莎的信任為何有所轉變？

6. 愛莉莎經歷了什麼樣的磨鍊，才解救了十一位哥哥們？

（提問者：蘇津霈）

小紅帽
（選自《格林童話故事全集》）

編者：格林兄弟（Brothers Grimm）
譯者：徐珞、余曉麗、劉冬瑜等
圖片提供：遠流
出版日期：2001年1月

故事摘要

　　很久很久以前，在一個寧靜的小村莊，有個小女孩時常帶著她奶奶在生日時送她的一頂小紅帽，這頂小紅帽戴在她頭上再合適不過了，於是大家都叫她——小紅帽。有一天媽媽交給小紅帽蛋糕與酒，要她送給住在森林裡另一邊村莊生病的奶奶，並叮嚀要她路上不要貪玩、耽擱時間。

　　她在路上碰見大野狼，聽信牠的建議，在樹林裡趕蝴蝶編花束。大野狼這時先趕到了奶奶家並把奶奶吃掉了。狡猾的大野狼穿上了奶奶的衣服躺在床上。當小紅帽來時沒有認出大野狼，也被牠吞了下去。

　　大野狼由於吃得太飽，倒在床上呼呼大睡了起來。這時剛好

獵人路過老奶奶家門口，拿起剪刀劃破大野狼的肚子，救出奶奶與小紅帽，然後在大野狼的肚子裡塞滿了石頭再縫起來。大野狼睡醒過來走到河邊不小心掉到河裡溺死。奶奶安心的品嘗小紅帽帶來的食物。最後小紅帽反省到：「以後我再也不離開小路、不跟陌生人說話，要乖乖聽母親的話。」作者並提醒讀者，要記住小紅帽的教訓。

1. 故事的主角是誰？

2. 故事發生時在何時？

3. 故事主要描述哪些地方？

4. 故事的主角發生了什麼事？

5. 大野狼為什麼有機會吃掉小紅帽？

6. 小紅帽最後是如何獲救的？

推敲琢磨一下
選出你認為適合的答案

1. 生日的時候是誰送給小女孩可愛的紅色帽子風衣？
   a. 姨婆　　　　　　　b. 奶奶
   c. 姑姑　　　　　　　d. 舅母

2. 母親託付小紅帽帶著蛋糕與葡萄酒去拜訪誰？
   a. 姨婆　　　　　　　b. 奶奶
   c. 姑姑　　　　　　　d. 舅母

3. 小紅帽去森林裡探望奶奶是因為＿＿＿。（複選）
   a. 姑姑生小寶寶　　　b. 奶奶生病了
   c. 陪奶奶解悶　　　　d. 幫媽媽送東西

4. 小紅帽為了什麼事情耽擱了去找奶奶？
   a. 忘記帶媽媽交代的東西又回家拿

b. 看到美麗的花朵貪玩耽誤了時間

c. 忘記奶奶家的地址、電話

d. 在森林裡迷路了

5. 故事裡的反派角色是由哪一種動物扮演？

　　a. 紅狐狸　　　　　　　b. 綠蠵龜

　　c. 小白兔　　　　　　　d. 大野狼

6. 獵人用什麼方式救出小紅帽與奶奶？

　　a. 用超準獵槍救援

　　b. 用木棒打昏壞人

　　c. 用神奇剪刀救援

　　d. 用麻醉槍迷昏壞人

7. 以下哪篇故事的主角<u>沒有</u>因為貪玩而犯了錯誤？

　　a. 木偶奇遇記

　　b. 龜兔賽跑

　　c. 小紅帽

　　d. 放羊的孩子

8. 以下哪篇故事的反派角色<u>不是</u>大野狼？

　　a. 三隻小豬　　　　　　b. 七隻小羊

　　c. 龜兔賽跑　　　　　　d. 小紅帽

1. 如果你是小紅帽，你會接受陌生人的邀請嗎？

2. 如果在路上遇到陌生人問路或是問問題，你應該要怎麼答覆呢？

3. 試試看說出你最喜歡故事裡的哪一個角色？為什麼特別喜歡呢？

4. 如果小紅帽希望改變造形，你可以幫她想一個新名字或新造形嗎？

（說說看你／妳的想法或用畫圖來描述吧！）

5. 「長得很醜，但是很溫柔（品格高尚）」，和「長得很帥（美），但是心地不好（品格卑劣）」，只能選一種的話，你選擇成為哪一種人？為什麼？

（提問者：闕詩穎）

灰姑娘
（選自《格林童話故事全集》）

編者：格林兄弟（Brother Grimm）
譯者：徐珞、余曉麗、劉冬瑜等
圖片提供：遠流
出版日期：2001年1月

故事摘要

　　從前有個富人，他和他的妻子有一個小女兒，後來他的妻子生了重病，不久就離開了人世。

　　冬去春來，那個富人娶了一個後妻。後妻帶來了兩個女兒，她們的內心又狠又黑。從此，可憐的小姑娘開始了苦難的日子。

　　她們拿走她漂亮的衣服，只給她一件灰舊的褂子和一雙木屐穿。她每天做又重又累的粗活，因為她一天到晚渾身是灰，所以家裡的人都叫她「灰姑娘」。

　　有一天，父親要去趕彌撒，回來後，他幫繼女買了漂亮的衣服、珍珠和寶石，替灰姑娘在樹林裡折下一根榛樹枝。灰姑娘把樹枝栽種在母親的墳上，後來小樹枝長成了榛子樹。每當灰姑娘

傷心流淚並在樹下禱告時，樹上就會飛來一隻小白鳥，幫灰姑娘完成願望。

　　有一次，國王要舉辦盛大的舞會，並在舞會上為自己的兒子挑選新娘。繼母的兩個女兒受到了邀請，灰姑娘請求繼母准許她一起去，可是繼母要求她在一定時間內揀出豆子來，幸好兩次都有兩隻小白鴿和一群鳥兒來幫忙，才把豆子揀好。可是，灰姑娘沒有好看的衣服，她無法去參加舞會。

　　後來，灰姑娘在鳥兒的幫忙下，穿著美麗的服裝去參加舞會。王子看見灰姑娘之後，不再和別的姑娘跳舞。第二天，舞會繼續舉行。到了第三天，正當灰姑娘要逃走時，不小心將左腳的金鞋黏在台階上，王子拾起鞋，並在隔天早上去找灰姑娘的父親，王子說能穿下這隻鞋子的姑娘是他的妻子。兩個姊姊聽了都來試穿，但都穿不下，她們卻強行穿上，結果都流血了。

　　王子也讓灰姑娘來穿，大小正好合適，他認出了灰姑娘並和她在教堂舉行了婚禮。最後兩個姊姊也為自己的行為得到了懲罰。

1. 這篇故事的主角是誰？

2. 這篇故事主要發生在什麼時間？

3. 這篇故事發生在什麼地方呢？

4. 這篇故事發生了什麼事？

5. 為什麼大家要叫仙杜瑞拉是「灰姑娘」？

6. 王子要怎麼樣才能找到「灰姑娘」？

推敲琢磨一下
選出你認為適合的答案

1. 灰姑娘對繼母和兩位姊姊的虐待採取的態度是＿＿＿。
   a. 強力反抗
   b. 離家出走
   c. 逆來順受
   d. 甘之如飴

2. 為什麼灰姑娘想要去參加王子的舞會呢？
   a. 她很想去跳舞
   b. 她想去看看王子到底長什麼樣子
   c. 她想被選上王妃
   d. 因為可以不用做家事

3. 王子為什麼喜歡灰姑娘？

a. 她很美麗

b. 很聊得來

c. 喜歡她的鞋子

d. 同情她

4. 仙杜瑞拉爲什麼被叫作「灰姑娘」？

    a. 用溼木頭生火，被燻得灰頭土臉

    b. 因爲她的皮膚黑得像木炭

    c. 睡在爐灶邊的灰燼堆裡，所以經常弄得全身是灰

    d. 不喜歡洗澡

5. 壞心眼又不誠實的兩姊妹的下場是＿＿＿。

    a. 惡名遠播又行動不便，沒人敢娶她們

    b. 嫁給了王子的親戚，過著幸福快樂的日子

    c. 被小鴿子啄瞎眼睛，再也看不見美麗的世界

    d. 故事裡沒說清楚

6. 灰姑娘的爸爸替她帶回來了什麼禮物？

    a. 衣裳   b. 珍珠

    c. 寶石   d. 樹枝

7. 誰幫灰姑娘把豆子揀好了？

    a. 小螞蟻   b. 小老鼠

    c. 小鳥們   d. 小青蛙

8. 灰姑娘是哪隻腳的鞋子黏在台階上？

    a. 右腳   b. 雙腳

    c. 左腳   d. 沒說清楚

9. 王子看見灰姑娘進入會場後的反應是＿＿＿。

a. 挽著她的手

b. 和她跳舞

c. 不再和別人跳舞

d. 以上皆是

10. 你覺得灰姑娘的父親是個怎麼樣的人？（複選）

    a. 自私   b. 慈祥

    c. 膽小   d. 無知

11. 當灰姑娘可以穿上金鞋，繼母和姊姊的心情是如何？（複選）

    a. 生氣   b. 難過

    c. 驚訝   d. 高興

進一步
想一想

1. 灰姑娘的後母和兩位姊姊為什麼總是要欺負灰姑娘？

2. 灰姑娘受到哪些欺負或委屈？她如何解決？

3. 你覺得灰姑娘受到欺負或委屈，她的父親知道嗎？為什麼？

4. 如果你是灰姑娘，你會如何處理被欺負的情形？

5. 為什麼王子要等到灰姑娘穿上金鞋後，才認出她是跟他一起跳舞的美麗姑娘？

6. 你覺得灰姑娘和王子結婚後會幸福嗎？為什麼？

7. 王子對灰姑娘的父親說：「你家的女兒，只要有誰能穿這隻金鞋，我就娶她為妻！」如果三個女兒剛好都能穿進這雙鞋子，王子該怎麼辦？他該如何認出灰姑娘呢？

8. 灰姑娘的爸爸疼愛自己的女兒嗎？為什麼灰姑娘被欺負的時候，爸爸沒有保護她？如果妳是灰姑娘的爸爸，妳會怎麼做？

9. 如果王子最後還是沒有找到灰姑娘，他和灰姑娘各自會有什麼樣的人生呢？寫寫看。

（提問者：何貞慧、劉廉英）

漢賽爾與格雷特爾
（選自《格林童話故事全集》）

編者：格林兄弟（Brothers Grimm）
譯者：徐珞、余曉麗、劉冬瑜等
圖片提供：遠流
出版日期：2001年1月

故事摘要

　　臨近森林處，住著一戶窮苦的樵夫，他在妻子死去後，再娶後妻。前妻生了一對兒女，名叫漢賽爾與格雷特爾。一次災荒，因生活困苦無法維持，繼母向樵夫提議要將孩子們帶到森林中扔掉，樵夫受不了妻子吵鬧，只好同意，卻被兩個孩子聽到，哥哥趁父母睡著後，溜到屋外撿拾白色卵石。第二天，夫婦倆交給兄妹一小塊麵包，便帶著他們往森林深處走。漢賽爾將口袋中的白卵石沿路悄悄扔下。到了目的地，父親在附近的樹上綁上木頭，假冒砍柴的聲響便悄悄離去。等到晚上，漢賽爾靠著月光，帶著妹妹沿著卵石回家。

　　不久家中境況更糟，兩夫妻再次計畫帶兩兄妹到森林中扔

掉，這次繼母將門鎖上，漢賽爾無法溜出去撿石頭。第二天，夫婦倆交給兩兄妹一塊更小的麵包，漢賽爾偷偷將麵包撕碎當作記號，沒想到這次麵包屑都被鳥兒吃掉，他們找不到路回家。兩人又餓又累時，在森林中發現一棟用蛋糕、糖果製成的房屋，兩人便開始吃了起來，沒料到這是巫婆用來引誘迷路孩子所蓋。

巫婆將漢賽爾關到籠子內，並威脅格雷特爾準備美食，好將哥哥餵胖。巫婆的視力不好，每當巫婆要確認是否長胖，漢賽爾總用一根小骨頭欺騙她。一段時間後，巫婆再也無法等待，便叫格雷特爾在烤爐前升火，想乘機將她推入並烤來吃，妹妹察覺巫婆的想法，便故作愚笨，騙巫婆到爐前，用力一推將巫婆活活燒死。格雷特爾將哥哥救出來，兩人在巫婆房中找到珠寶，塞滿口袋，並順利找到回家的路。原本父親就因丟掉孩子自責，繼母也因病過世，看到兩兄妹帶著珠寶平安歸來，高興得抱在一起，從此過著愉快的生活。

1. 這篇故事的主角是誰?

2. 這篇故事發生在什麼時候?

3. 這篇故事裡發生了什麼事情?

4. 這篇故事發生在什麼地方?

5. 為什麼森林中有糖果屋?

6. 兩兄妹第一次被丟在森林,是如何找到回家的路?

推敲琢磨一下
選出你認為適合的答案

1. 漢賽爾在屋外撿拾什麼,作為標誌返家的記號?
   a. 小樹枝　　　　　　b. 花朵
   c. 白色卵石　　　　　d. 貝殼

2. 樵夫與妻子為何要將兩兄妹帶到森林中?
   a. 想要他們協助工作
   b. 想舉辦家庭旅遊
   c. 想要尋找寶藏
   d. 想要拋棄他們

3. 漢賽爾第二次帶著的麵包怎麼了?
   a. 被漢賽爾吃掉了
   b. 被鳥吃掉了

c. 被格雷特爾吃掉了

d. 被狗吃掉了

4. 森林中的糖果屋其實是為了什麼原因蓋的？

a. 為了引誘飢餓的人

b. 為了引誘聰明的人

c. 為了引誘愛美的人

d. 為了引誘有錢的人

5. 漢賽爾怕被吃掉，拿了什麼欺騙巫婆？

a. 小湯匙　　　　　　b. 小棍子

c. 小骨頭　　　　　　d. 小皮球

6. 格雷特爾對巫婆做了什麼事，才救出自己的哥哥？

a. 偷拿牢門鑰匙

b. 食物放入毒藥

c. 乘機推入烤爐

d. 痛哭乞求放人

7. 「糖果屋」一詞，現今亦引申為何種意涵？

a. 漂亮的房子

b. 可口的食物

c. 美好的理想

d. 幼稚的夢境

1. 你認為樵夫的個性如何？為何會同意將兩個孩子丟掉？

2. 漢賽爾用沿路丟下東西作記號，請問是否還有其他方法可以找到回家的路？

3. 如果你是巫婆，除了糖果屋，你還會蓋哪些屋子吸引孩子？

4. 漢賽爾與格雷特爾具備怎麼的特質，才可以在故事中化險為夷？

5. 欺騙是我們所不認同的行為，你又如何看待漢賽爾兩兄妹的謊言？

6. 格林童話中繼母通常都設定為壞人，你對於這樣的設定有何看法？

7. 從糖果屋的故事中你得到什麼啟示？

（提問者：楊依欣）

少年小說

如果說繪本提問較適合學齡前與低年級、童話較適合中、高年級，則少年小說應該適合高年級和國中的孩子，因為這種文類抽象文字多，需要思考，才能找出文字底下的意涵，提問內容當然更具挑戰性。

親情與友情

苦澀巧克力
（Bitterschokolade）

作者：米莉亞・裴斯勒（Mirjam
　　　Pressler）
譯者：李紫蓉
圖片提供：台灣東方
出版日期：2004年5月

故事摘要

　　15歲的少女艾芳因為身材肥胖而感到自卑，加上人際關係上曾多次碰到挫折，使得自我形象不佳的她個性變得更加退縮封閉。小時候，艾芳的媽媽習慣在她悲傷沮喪時，塞給她一條巧克力來撫平心情，久而久之，艾芳也習慣用吃來紓解壓力及挫折帶來的情緒，但總在大吃後產生更深的罪惡感、羞恥感，多次想要下定決心節食瘦身，卻又一再失敗甚至吃得更多，艾芳在一次又一次的惡性循環中無助的掙扎。

偶然碰到同年的少年米契並開始交往，艾芳一方面因為米契的欣賞、體貼而欣喜，一方面也不斷試探米契是否真心接納、喜愛肥胖的自己。在一次舞會中，因為米契的哥哥以「肥妞」、「那團肥球」稱呼艾芳，引發了米契和哥哥的流血衝突，但也在事後的談話中，艾芳知道米契接納自己的身材，也更進一步肯定自己。

　　因身材而自卑封閉的艾芳，給同學難以親近的感覺，但在班級面臨拆班的危機時，她主動提出向校長陳情的建議，獲得同學們的支持，並推派艾芳來草擬陳情書，因此和同學們開始有了良性、親近的互動，讓艾芳了解到「被輕視、被排擠」的感受其實多來自自己的假想。而好友范西斯卡的一句「這世界上，本來就有胖的人也有瘦的人啊！」也點醒了她，開始勇敢、自在面對自己的身材。

提問　牛刀小試　關於故事

1. 這篇故事的主角是誰?

2. 這個故事發生在什麼時候?

3. 故事裡艾芳最討厭去的地方是哪裡?

4. 這篇故事裡艾芳發生了什麼事呢?

5. 為什麼艾芳會鼓起勇氣在班上提出意見呢?

6. 艾芳如何找回自信心?

推敲琢磨一下
選出你認為適合的答案

1. 同學眼中的艾芳是什麼樣的人? (複選)
   a. 口才很好 　　　　　 b. 一無是處
   c. 有數學天分 　　　　 d. 又肥又笨

2. 大吃特吃帶給艾芳＿＿。
   a. 肥肉 　　　　　　　 b. 羞恥感
   c. 愉快 　　　　　　　 d. 自信心

3. 艾芳覺得自己哪個地方最漂亮?
   a. 膝蓋 　　　　　　　 b. 頭髮
   c. 胸部 　　　　　　　 d. 手臂

4. 艾芳不滿爸爸的原因是＿＿。 (複選)
   a. 爸爸嫌她胖

b. 爸爸總是把她當小孩子

c. 爸爸重男輕女

d. 要大家在他的掌控之下

5. 艾芳最好的朋友是＿＿。

a. 卡洛拉

b. 艾莉卡

c. 范西斯卡

d. 弟弟伯多

6. 書中強調艾芳非常關切的是她的＿＿。（複選）

a. 自信心

b. 外表身材

c. 朋友關係

d. 家人關係

7. 當艾芳感到難過時，她習慣性地＿＿。

a. 去游泳池游泳

b. 找同學聊聊

c. 聽音樂與吃巧克力

d. 和米契約會

8. 班上面臨分班危機時，艾芳如何處理？

a. 就分班吧！無所謂

b. 全班焦急混亂一團

c. 提出寫聯名書給學校

d. 自動停課以示抗議

1. 艾芳的媽媽為什麼總是在艾芳哭泣時，塞條巧克力給她？

2. 艾芳節食時，為什麼瞞著媽媽和其他人？

3. 米契和哥哥的衝突如何影響他和艾芳的關係？

4. 艾芳靠著哪些事找回自信，學會欣賞自己？

5. 艾芳一直很渴望自由，她不希望將來和媽媽一樣，如果艾芳真的離家出走，她會去哪裡呢？

6. 如果你是艾芳，你看見男朋友為了你和自己的哥哥打成一團，你覺得如何？你希望有人為你這樣做嗎？

7. 為什麼每次當艾芳吃完高熱量的食物後，就會有懊悔、沮喪或難過的感覺？

8. 艾芳後來發現原來她並沒有被班上同學排擠與拒絕，為什麼她會有這樣的錯覺呢？

9. 現代人總喜歡強調「做自己」，那麼如何做才算是「做自己」呢？

（提問者：林芝蘋、楊曉菁）

Bridge To Terabithia
（通往泰瑞比西亞的橋）

作者：Katherine Paterson
（凱薩琳‧帕特森）
（2007年改編為電影《尋找夢奇地》）

故事摘要

　　喜歡繪畫的10歲傑西，生長在雲雀溪鎮的一個窮苦農家，他有四個姊妹與永遠做不完的家事，為了成為學校裡跑得最快的人，他每天努力的練習賽跑。

　　一天，隔壁搬來與眾不同的柏斯萊一家人，起初傑西對打敗所有參加賽跑者的柏斯萊覺得反感，但漸漸的同為班上「怪胎」的兩人，竟成了莫逆之交。柏斯萊是個有天分、想像力豐富的女孩，她開拓了傑西的視野，帶著傑西在樹林裡建立屬於兩個人的「泰瑞比西亞王國」，並自稱為國王和皇后。在這個想像的世界，讓他們不只遠離現實的煩憂，還給了他們勇氣對抗校園的惡勢力。漸漸的，傑西從膽小、懦弱，成了成熟、勇敢的人。

雨季裡的某天，傑西應艾德蒙老師之邀到華盛頓看畫展，柏斯萊獨自前往「泰瑞比西亞王國」，由於繩索斷裂，柏斯萊不幸溺斃。傑西得知後自責沒邀她一起去看畫展，他從震驚、懊悔、恐懼，到悲傷、冷漠、釋懷，體會出「不管怎樣，事情總得恢復正常」的道理。

　　最後，獲得體悟與成長的傑西，明白了兩人的友誼將永遠不會抹滅，於是他重返泰瑞比西亞，把柏斯萊的靈魂恭敬地交給天上的父，並建造一座橋來幫助任何想通往泰瑞比西亞的人，因為他知道「只要有愛，泰瑞比西亞將燦然呈現在每個人的眼前。」

1. 這個故事的主角是誰？

2. 這個故事發生在什麼時候？

3. 這個故事發生了什麼事？

4. 故事中的「泰瑞比西亞王國」在什麼地方？

5. 為什麼傑西會變得勇敢？

6. 傑西和柏斯萊如何變成好朋友？

推敲琢磨一下
選出你認為適合的答案

1. 傑西最喜歡做的事情是＿＿＿。
   a. 擠牛奶　　　　　　　　b. 畫畫
   c. 寫作文　　　　　　　　d. 跑步

2. 傑西和柏斯萊用「寫情書」來報復珍妮絲的行為是＿＿＿。
   a. 對的，因為要讓她嘗嘗被欺負的滋味
   b. 對的，因為這樣才能讓她喜歡的人討厭她
   c. 錯的，這樣會造成別人的傷害
   d. 錯的，這樣反倒會促成他們的愛情

3. 為什麼傑西這麼喜歡玩爸爸送給他的遙控車？
   a. 怕爸爸生氣，所以假裝很好玩
   b. 希望展現自己對爸爸的愛

c. 藉機會跟姊妹們炫耀

　　d. 因為他真的很喜歡玩遙控汽車

4. 為什麼柏斯萊的家裡沒有電視？

　　a. 因為她們家很窮，買不起

　　b. 因為她很愛看電視，父母故意不買

　　c. 因為看電視會浪費時間

　　d. 因為他們剛搬來，沒有時間去買

5. 故事中的「泰瑞比西亞」一詞代表的是＿＿＿。

　　a. 人與人之間真摯的情感

　　b. 一個還沒有被開發的國家

　　c. 地與地之間的交通要道

　　d. 一個充滿奇幻色彩的王國

6. 這個故事內容不包括下列何者？

　　a. 親職教育

　　b. 生命教育

　　c. 校園霸凌

　　d. 資訊教育

7. 下列選項中「人物的描述」何者正確？

　　a. 凱蒂是個不在意成績的女孩，人緣也很好

　　b. 梅梅是個善解人意的妹妹，常常貼心的照顧只有四歲的喬喬

　　c. 珍妮絲的塊頭大，愛欺負人，卻是個被爸爸虐待的小孩

　　d. 艾德蒙擁有短短肥肥的臉，凶惡出名，外號老火龍

1. 傑西和柏斯萊的個性差異很大，說說看兩人的不同之處為何？

2. 你的興趣是什麼？如果父母不喜歡你的興趣，你會放棄還是堅持？為什麼？

3. 傑西總是不知道該如何表達對父母的愛，如果你是他，你會如何表達？

4. 每個人的宗教信仰都不一樣，你怎麼看待跟自己信仰不同的人？

5. 學校裡不管是欺負別人，還是被別人欺負，都是不對的行為。如果是你遇上這種情況，你會怎麼做？

6. 「泰瑞比西亞王國」就像個祕密基地，你也有屬於自己和朋友的神祕基地嗎？請用你的想像力描述這個神奇的地方，並與大家分享。

7. 柏斯萊不幸喪生的原因為何？你覺得她要怎麼做才能避免這個悲劇發生？

8. 傑西是個勇敢面對現實的人。如果是你面臨相同的問題，你會怎麼做？

9. 你比較喜歡看《通往泰瑞比西亞的橋》這本書，還是電影《尋找夢奇地》？為什麼？

（提問者：謝月琴、黃淑靜）

芒果貓
（A Mango-Shaped Space）

作者：溫蒂·梅斯（Wendy Mass）
譯者：林劭貞
圖片提供：小魯文化
出版日期：2008年6月

 故事摘要

　　每個人都希望自己是特別的，但很多時候，13歲的米雅只希望能和大家一樣……

　　米雅能在看到數字與字母，聽到聲音時，同時看見繽紛的色彩：A是褪色的向日葵色、2是棉花糖般的粉紅色、電話鈴聲是紅色的漩渦、她的愛貓「芒果」的呼嚕聲，是一個個芒果色的圈圈，朋友的名字也具備特殊的色彩。這些應該是多麼豐富的生命與生活，可是對米雅來說，這些上天給予的特殊禮物卻成為一種負擔、一個祕密。米雅的「與眾不同」，為她的生活帶來一連串的麻煩。

　　她因此無法學好數學，也不能順利閱讀，更影響她生活上的

一些細節。在她8歲的時候，還被同學說成是「怪物」，也被老師送去校長的辦公室。升上八年級那年，因為兩次數學小考不及格後，她決定告訴父母自己的狀況，父母帶她去檢查，直到神經科學家傑瑞的敘述後，知道這是「共感覺」症狀。她才明白，這是一種天賦而非疾病，也開始接納並且與家人朋友分享這項生命的祕密。

　　但是有一天，她的愛貓「芒果」死了，而這種「特異功能」也突然消失了，米雅感到莫名的失落和難過。經過家人和朋友的陪伴，她的天賦又回來了，而且從媽媽那兒得知已經去世的奶奶以前也能看見音樂的顏色。

　　就在米雅全家受邀到羅斯家去參加慶祝猶太教的光明節那晚，她發現了「芒果」的小孩，其中一隻還是會發出深芥茉色的喵聲的小貓。回家後，爸爸將「芒果」睡的小毯子交給她，當晚，她做夢了，醒來後還聞到芥茉的味道，米雅明白這場夢究竟意謂著什麼意思了。

1. 這個故事的主角是誰？

2. 這個故事發生在什麼時候？

3. 這個故事的內容在敘述什麼事情？

4. 這個故事發生在什麼地方？

5. 為什麼米雅無法學好數學，也不能順利閱讀？

6. 當米雅將她的症狀告訴爸媽時，她的爸媽當下的反應是如何？

推敲琢磨一下
選出你認為適合的答案

1. 米雅總共看了幾個醫生？
   a. 1個　　　　　　　　　　b. 2個
   c. 3個　　　　　　　　　　d. 4個

2. 米雅在幾歲時，發現自己和別人不一樣？
   a. 8歲　　　　　　　　　　b. 5歲
   c. 2歲　　　　　　　　　　d. 13歲

3. 米雅為什麼將愛貓取名叫「芒果」？
   a. 有橘色的眼睛　　　　　　b. 毛是黃色
   c. 聲音是黃橘色　　　　　　d. 長得像芒果

4. 為什麼羅傑沒有問米雅他的名字是什麼顏色？是因為＿＿。
   （複選）

a. 不想問　　　　　　b. 認為不重要

c. 他是色盲　　　　　d. 不好意思

5. 米雅曾經利用「天賦」讓自己的數學考試沒有不及格，她為什麼要這麼做？（複選）

a. 怕丟臉　　　　　　b. 不想暑期補課

c. 不想讓父母擔心　　d. 不想上家教

6. 米雅在家排行第幾個？

a. 第一　　　　　　　b. 第二

c. 第三　　　　　　　d. 第四

7. 傑瑞醫生告訴米雅得到的是什麼症狀？

a. 老二症候群　　　　b. 過敏症

c. 共感覺症　　　　　d. 焦慮症

8. 米雅的哪個家人也和她一樣有此「天賦」？

a. 爸爸　　　　　　　b. 爺爺

c. 奶奶　　　　　　　d. 弟弟

9. 在什麼情況下，共感覺症的症狀會消失？

a. 太高興時　　　　　b. 很生氣時

c. 受到創傷時　　　　d. 無聊的時候

10. 「米雅明白這場夢究竟意謂著什麼」，請問是意謂著什麼？

a. 吃芥茉熱狗

b. 可以養那隻小貓

c. 聽見貓的叫聲

d. 媽媽正在弄

1. 你覺得米雅在8歲時所發生的事情，對她造成什麼影響？

2. 從八歲後，米雅從未和旁人提及自己的共感覺症狀。當米雅告訴珍娜時，珍娜的反應是如何？你覺得珍娜真正想表達的是什麼感覺？

3. 你認為好朋友間應該完全坦誠相對，還是要保有個人的祕密？為什麼？

4. 米雅同樣愛爺爺和「芒果」，但當他們過世時，米雅的反應卻截然不同，你覺得為什麼會這樣呢？

5. 你覺得米雅在看到數字、聽見聲音的同時能看見各種顏色，是一種缺陷，還是一種天賦？為什麼？

6. 米雅說出她的共感覺症狀時，同學視她為「怪物」，爸媽擔心她得了某種病，而米雅自己也很煩惱「和大家不一樣是一種不正常」。你認為「不正常」和「特殊」的區別在哪裡呢？

7. 米雅的弟弟查克也有一些特殊嗜好，像是記錄曾吃過漢堡的數量、會完全遵守某些迷信的儀式等，為什麼大家覺得米雅很怪，卻不會認為查克不正常？

（提問者：劉廉英）

知識補給站

　　「共感覺（Synesthesia）」心理學名詞，一種感覺混合的罕見心理症狀。它會從一種型態的感官刺激，如聽覺，引發另一種型態的感覺，例如視覺或味覺等。研究發現，一般人都曾經在某個階段中，有過這種狀態的生活，也就是視覺帶有聲音，或觸覺帶有味道等等。

　　雖然「共感覺」症狀只會發生在不到1%的成年人中，但研究證據顯示，所有的嬰兒都擁有這樣的「共感覺」能力。此種特殊的知覺經驗，通常在嬰兒時期，腦中各個感覺區未分化完全時會發生，然而成長後，則不容易產生共感覺，只有少數人（約五十萬分之一）仍保有這樣特殊的知覺經驗。

　　共感覺是指某一個向度的感官刺激，能夠引起另一個向度的知覺經驗，例如聽到某個特定的音高，同時覺得看到某個特定的顏色。共感覺可能會對生活帶來些許困擾，但也可能激發無限想像力。

師生之間

不要講話
（No Talking）

作者：安德魯‧克萊門斯（Andrew Clements）
譯者：蔡青恩
圖片提供：遠流
出版日期：2008年9月二版

故事摘要

　　雷克頓小學五年級的男生和女生全都愛講話，「聒噪王」的綽號跟著他們五年，他們的另一個特點是男生女生都互看對方不順眼，而大衛和琳西就是堅持異性討人厭的兩大領導人。有一天，標準大嘴巴的大衛在做社會課有關印度的報告時，對甘地的成就大感驚奇，一個骨瘦如柴的矮小男子竟可憑一己之力將英國軍隊逐出印度，而他的武器是思想和語言！於是大衛興起效法聖雄甘地，試試一整天不說話，是否真的可以「釐清思緒」！

一個上午他都進行的很順利，直到中午吃飯時間，他的死對頭琳西卻在旁邊唧唧喳喳講個沒完。結果他打破了沉默，走過去挑釁。他們的爭執就此挑起了一場男生與女生的競賽：兩天之內，能講最少話的那一隊就是贏家。

同學們只能在師長們問話時用三個字答案，超過就要計點，其他時間包括回到家都不能講話，這樣的轉變使得有些老師感到不適應，他們認為這樣的行為干擾教學，校長也試圖遏止競賽的進行，甚至造成學生和校長的對立，但在所有學生的堅持下比賽仍持續到約定時間才結束，最後霞特校長體察到大衛的行為是一項學習的過程，她不但不再堅持反而加入他們的行列。這場男生和女生的競賽中，作者安排了一個完美的結局——平手。不講話比賽不僅讓他們學會團結合作，也更增進彼此間的情誼。

1. 書中的靈魂人物為何？故事中少了誰就缺少故事的張力？

2. 故事發生在何處？

3. 書中男生和女生發生何事？

4. 書中的男生和女生比賽何時開始？歷時多久？

5. 校長如何化解危機？

推敲琢磨一下
選出你認為適合的答案

1. 大衛第一次不講話的原因是＿＿＿。
   a. 心情不好　　　　　　　b. 學甘地
   c. 成熟的象徵　　　　　　d. 想成為酷哥

2. 大衛第二次不講話的原因是＿＿＿。
   a. 學甘地　　　　　　　　b. 心中鬱悶
   c. 無聊　　　　　　　　　d. 男女生的競賽

3. 競賽過程中，琳西認為大衛說她腦袋會脹到爆炸的說法如何？
   a. 有道理　　　　　　　　b. 胡說八道
   c. 荒繆可笑　　　　　　　d. 不予置評

4. 那位老師最贊成這場比賽？
   a. 艾絲柯芭老師（數學）
   b. 韓莉老師（體育）

c. 波頓老師（語言）

d. 雅克老師（音樂）

5. 霞特校長為什麼哭了？（複選）

a. 被學生打敗受到挫折

b. 自己氣度欠佳產生錯誤示範

c. 學生勝過自己喜極而泣

d. 以上皆是

6. 那一門課程不開口很困難？

a. 數學課　　　　　　b. 音樂課

c. 體育課　　　　　　d. 社會課

7. 經歷不講話比賽後，5年級的男女生會產生什麼變化？（複選）

a. 成熟穩重

b. 男生和女生和平共處

c. 學會用大腦思考

d. 不必尊敬師長

8. 在這場不講話競賽中，我們沒有看到什麼？

a. 榮譽心　　　　　　b. 團隊精神

c. 自私自利　　　　　d. 同儕的力量

9. 聖雄甘地的哲學思想是什麼？這種思想使得印度於1950年脫離大英帝國的殖民而獨立建國。

a. 非暴力不合作主義　b. 弱者生存哲學

c. 印度教　　　　　　d. 種姓制度的傳統

進一步
想一想

1. 你認為不講話真能釐清思緒嗎？這些小孩變得更聰明了嗎？

2. 你認為霞特校長是個什麼樣的人？

3. 講話的目的是什麼？講話和靜坐何者力量大？

4. 老師和校長該不該要求學生不要講話？

5. 如果你／妳是霞特校長遇到不講話的學生你會怎麼做？

6. 你／成人可以一整天不講話嗎？那會是什麼樣的情況呢？

（提問者：周雅慧）

　如何問問題：兒童閱讀Q&A

成績單
（The Report Card）

作者：安德魯‧克萊門斯（Andrew Clements）
譯者：吳梅瑛
圖片提供：遠流
出版日期：2008年8月

故事摘要

　　諾拉的麻煩大了！她這學期的成績單真是慘不忍睹：5科D，1科C。但是沒人知道，諾拉腦袋裡藏了一個天大的祕密——她其實是個超級大天才。從小因為討厭別人覺得自己很特別，所以將天才腦袋隱藏的非常好。

　　升上五年級的諾拉，為了最要好的朋友史蒂芬，默默計畫考了個天大的爛成績，卻意想不到，竟然在學校掀起了一場大風暴。不僅讓漢克寧校長、圖書館運用科拜恩老師、語文科諾茵斯老師、數學與自然科張老師、音樂科卡德老師、體育課麥肯老師、美術課普力爾老師，以及最關心她的爸媽傷透了腦筋。

　　因為諾拉真的對這種用分數和考試衡量一個人的情況忍無

可忍啦！然而這一切看似完美的計畫，在細心的拜恩老師觀察下打開了諾拉的心房，事件像洋蔥般一片一片，最後來到問題的核心——「分數和考試」真的能夠衡量學生的「品格」及未來的「競爭力」嗎？成績就能斷定一個人的好壞與未來嗎？究竟教育的「本質」是什麼？

　　聰明的諾拉提出了這重要無比的議題，讓我們討論與省思：究竟什麼是「那件還沒出現的好事」。

1. 請問故事的主角是誰?

2. 請問故事發生時主角就讀幾年級?

3. 請問故事主要描述發生在哪個地方?

4. 請問故事的主人翁發生了什麼事?

5. 請問為什麼諾拉要考零分?

6. 請問諾拉如何全身而退?

推敲琢磨一下
選出你認為適合的答案

1. 故事一開始諾拉的爛成績單中,哪一科是唯一得C,且讓諾拉覺得失算的科目?

   a. 語文拼字　　　　　b. 圖書館運用

   c. 數學　　　　　　　d. 體育

2. 諾拉從什麼時候開始發現自己的天才的「事實」?(複選)

   a. 剛學會走路的小嬰兒時期

   b. 幼稚園小朋友時期

   c. 小學五年級

   d. 國中

3. 與諾拉從小一起長大且是諾拉心中最重要的朋友是誰?

   a. 安　　　　　　　　b. 陶德

    c. 史蒂芬   d. 凱倫

4. 當諾拉的爸媽知道爛成績後，表現是什麼？

    a. 生氣的拿掃把打諾拉屁股

    b. 處罰一個月沒有零用錢

    c. 罰站而且不准吃晚餐

    d. 到學校拜訪老師

5. 第一次為了諾拉的成績開完會後的結論是什麼？

    a. 諾拉得去上補習班

    b. 找家教老師進行魔鬼訓練

    c. 為諾拉舉行「另一種評量」

    d. 諾拉需留級一年

6. 哪一位老師最先發現諾拉的「天大的祕密」？

    a. 漢克寧校長

    b. 圖書館運用科拜恩老師

    c. 語文科諾茵斯老師

    d. 體育課麥肯老師

7. 泰德勒博士用什麼方法評量諾拉的智力？

    a. 英文拼字棋遊戲

    b. 林氏超級速讀

    c. 兒童智力評量七巧板

    d. 魏氏兒童智力量表第三版

8. 讓諾拉考零分的原因是什麼？

    a. 老師出的題目太難

    b. 考試前一天的胃腸炎發燒拉肚子

c. 其實諾拉根本不是天才

d. 試著讓每個人審視考試分數帶來的負面影響

9. 諾拉針對「零分」事件向漢克寧校長要求什麼？

a. 要求獎勵與獎品

b. 轉班或轉學

c. 跟學校同學解釋「零分」事件的用意

d. 一個人獨處思考將來

10. 諾拉認為「天才的責任」是什麼？

a. 成為偉大科學家造福世界

b. 以自己的方式使用智力，做好「自己」

c. 完成所有資優課程跳級上大學

d. 做一個維護世界和平的女超人

進一步
想一想

1. 你認為諾拉的計畫最後有成功嗎？

2. 如果你是諾拉，你會想要隱藏自己是天才的祕密嗎？
   （會或不會，請說明原因）

3. 如果你是諾拉，你會怎樣幫助最好的朋友史蒂芬？

4. 請說出幾件故事中讓你印象深刻的情節？並說明為什麼印象深刻？

5. 諾拉有幾位兄弟姊妹？個性分別為何？你最喜歡哪一個？

6. 當你成績考壞時，你都會怎麼告訴爸媽？爸媽會怎麼反應？

7. 對你而言什麼是「那件還沒出現的好事」？

（提問者：闕詩穎）

知識補給站

魏氏兒童智力量表第三版測量：6歲到16歲兒童的個別智力，包含作業智商、語文智商和全量表智商以供特殊兒童之鑑定、安置之參考。共有十個分測驗（包含圖畫補充、常識、符號替代、類同、連環圖系、算術、圖形設計、詞彙、物型配置和理解測驗等），和三個替代測驗（符號尋找、記憶廣度和迷津測驗）。

午餐錢大計畫
（Lunch Money）

作者：安德魯・克萊門斯（Andrew
　　　Clements）
譯者：丁凡
圖片提供：遠流
出版日期：2008年12月

故事摘要

　　葛雷・肯頓不但有一大堆本領，更是個天生的金錢高手。在快要升六年級時，他突然發覺學校就像一個超級大撲滿，幾乎每個小朋友身上都帶著零用錢，除了買午餐，還有一些點心及文具用品。自此開始動腦在學校賣些小朋友喜歡的小東西，像是糖果、玩具、甚至是自己寫、自己畫的迷你漫畫書，但就在發財夢剛起步時，竟發現宿敵毛拉模仿他的點子，兩人因此發生衝突。

　　毛拉釋出善意時，彼此的對立逐漸瓦解，取而代之的是互助與合作，但面對校長所發布的禁令，兩人必須解決「如何能在學校銷售創作的漫畫」的挑戰，這時「閱讀俱樂部」的廣告傳單帶給他們靈感，進而與數學老師吉諾托波羅討論，計畫向學區委員

會提出申請，希望能獲得販賣許可。

　　他們提出明確的計畫，並參考校長的意見作出修正，終於獲得委員會的許可，雖然當中的過程有時很辛苦，卻也走過一個又一個的里程碑，不但完成了自己的夢想，也為學校盡一份心力，而在過程中所得到的「財富」，竟比葛雷想像中更多。

提問 牛刀小試 關於故事

1. 書中的主角是誰？

2. 這件事發生在什麼時候？

3. 內容主要在講述麼事情？

4. 事情發生的地點？

5. 為什麼會發生這件事情？

6. 葛雷用什麼方法來達成在學校賣東西的計畫？

推敲琢磨一下
選出你認為適合的答案

1. 葛雷最厲害的本領是＿＿＿。
   a. 打棒球　　　　　　b. 踢足球
   c. 繪畫　　　　　　　d. 理財

2. 五年級的葛雷發現他生命中的金融奧祕是＿＿＿。
   a. 在家門口賣檸檬汁
   b. 把錢存在銀行
   c. 在學校賣東西
   d. 做家事賺錢

3. 哪一項是葛雷一開始製作漫畫時面臨的問題？
   a. 創造新的漫畫人物
   b. 書的裝訂與印刷

c. 寫出一篇好故事

d. 畫圖

4. 在數學課的衝突後，是什麼原因讓葛雷和毛拉的關係有了轉變？

a. 毛拉稱讚葛雷的創作

b. 毛拉放棄賣漫畫

c. 兩人彼此道歉

d. 葛雷賺了更多錢

5. 哪一項<u>不是</u>毛拉改進作品的方法？

a. 請教葛雷

b. 聘請助手

c. 參考相關書籍

d. 重新安排圖畫

6. 戴文波校長反對在校園中賣（小胖漫畫）的主因是____。

a. 內容有害

b. 學生沒有錢可買

c. 場所不適合

d. 想買來閱讀的人不多

7. 為什麼當校長廣播「禁止在學校賣漫畫」時，葛雷竟然一點也不在乎？

a. 不想賺錢了

b. 想在其他地方賣

c. 打算賣其他東西

d. 期待與毛拉的合作

1. 葛雷完成一本（小胖漫畫）需要解決哪些技術上的問題？

2. 葛雷爲什麼跟毛拉發生衝突？

3. 當葛雷將毛拉修改過的漫畫圖畫塞回去時，爲什麼毛拉臉上出現受傷的表情？

4. 葛雷與毛拉合作完成的第一本書，對彼此有什麼意義？

5. 他們如何説服委員會同意「漫畫俱樂部」的成立？

6. 對於校長的意見，葛雷對計畫提出什麼樣的修正？

7. 經歷了這件事，葛雷對「財富」的想法有何不同？

（提問者：蘇津霈）

冒險犯難

小殺手

（Wringer）

作者：傑瑞・史賓尼利（Jerry Spinelli）
譯者：趙永芬
圖片提供：小魯文化
出版日期：2008年10月

故事摘要

　　家庭節日，一個多麼好的名字，一段多麼美好的時光。這是美國威瑪鎮的傳統活動，每年八月的第一個星期，為時一周的慶祝活動就會展開，而活動的高潮就是最後一天的射鴿大賽，這是所有居民引領盼望的日子，因為威瑪鎮有許多不成文的傳統——每年的射鴿大賽。

　　大男人即將射殺五千隻鴿子，好募款維護公園，其中擊落最多鴿子的神槍手就會成為大英雄。而年滿10歲的男孩如果想得到

和自己同年齡男孩的接納和尊敬，就要遵行兩項傳統。一是生日儀式，要在生日當天伸出手臂來讓全鎮上最酷、最狠的大男孩用指節打在手臂的關節上，打得又青又腫，而且連一聲也不准吭。二是擔任一項「光榮」的任務，就是必須充當殺鴿日的「小殺手」，負責扭斷受傷鴿子的脖子。

即將過10歲生日的小男孩魯波馬雖然害怕，甚至在潛意識裡抗拒這些殘暴的傳統，但又害怕不被同儕認同與接受。因此，他棄幼年玩伴古小桃於不顧，極力想融入「死黨」的圈子裡，然而，對於小鎮傳統的恐懼卻仍然如影隨形，常常令他惡夢連連。

沒想到，在一場暴風雪過後，一隻鴿子竟然成為他的寵物，他還替這隻鴿子取名為鉗子。經由觀察與相處，波馬越來越深愛這隻鴿子，鉗子也成為他和古小桃之間的祕密。由於對鉗子的愛，波馬終於鼓起勇氣，拒絕讓法卡擊手腕，並且揚棄小鎮的殺鴿傳統，不再因畏懼旁人的眼光和世俗的愚昧而掩藏真正的自我。

1. 書中的主角是誰？

2. 這本書發生在什麼時候？

3. 這本書發生在什麼地方？

4. 這本書的內容在敘述什麼事？

5. 為什麼波馬那麼害怕過10歲生日？

6. 波馬要如何掙脫當小殺手的傳統？

推敲琢磨一下
選出你認為適合的答案

1. 波馬9歲生日時，死黨幫他取的外號是什麼？
   a. 搗蛋鬼　　　　　　　b. 頑皮鬼
   c. 討厭鬼　　　　　　　d. 可惡鬼

2. 鎮上最狠的大孩子，也是「生日儀式」的執行者是誰？
   a. 喬治　　　　　　　　b. 法卡
   c. 比利　　　　　　　　d. 杜阿瑟

3. 放學路上波馬為了避免碰上鉗子，使出了什麼方法？（複選）
   a. 吐口水被罰留校
   b. 穿厚外套喬裝打扮
   c. 戴大象面具走路回家
   d. 呵老師癢

4. 亨利在蛋糕側邊的糖霜上留下「今晚」兩個字,這意味著什麼?(複選)

　　a. 他的堅強只足夠警告晚上即將發生事情

　　b. 個性溫和懦弱

　　c. 身上有波馬的影子

　　d. 怕不被同儕認同

5. 爲什麼那隻叫「美洲豹」的黃貓,會出現在波馬的房裡?

　　a. 死黨們的惡作劇

　　b. 無意間溜了進來

　　c. 敏銳的嗅出有鴿子的味道而來

　　d. 例行的走動

6. 射鴿大賽那天,在球場遇到的小男孩問波馬幾歲,爲什麼波馬要回答25歲?

　　a. 小孩令人不耐煩

　　b. 他不希望受到打擾

　　c. 他不喜歡想當小殺手的小孩

　　d. 敷衍小男孩的推託之詞

7. 故事的最後,波馬如何一個人使整個局面改觀?

　　a. 引誘鉗子離開

　　b. 衝進射擊場捍衛鉗子

　　c. 眼睜睜看著遺憾發生

　　d. 轉身跑開

8. 從這個故事中,我們看到了什麼?(複選)

　　a. 人性的殘忍　　　　b. 對生命的尊重

　　c. 父母的愛　　　　　d. 愛與勇氣

1. 波馬收到一顆爛蘋果核、一隻破襪子、一截雪茄菸頭的9歲生日禮物時，為什麼還一樣開心和喜歡呢？

2. 為什麼波馬一聽到小桃在鐵路調車廠放走了鉗子，會那麼震驚和生氣？

3. 波馬到底是膽小鬼，還是像小桃說的，是個「英雄」？

4. 什麼樣的朋友才是真正的益友？

5. 如果你是波馬，你會忠於自己的信念，還是會為了受人歡迎而迎合別人呢？

6. 一個充滿血腥與暴力的傳統即使目的純正，該毫不懷疑的全盤接受，還是應該勇敢堅持自己的信念？

7. 在成長過程中，當你遇到掙扎與衝突時，該如何解決？

（提問者：劉淑白）

天使雕像

（From the Mixed-up Files of
Mrs. Basil E. Frankweiler）

作者：柯尼斯・柏格
　　　（E. L. Konigsburg）
譯者：鄭清榮
圖片提供：台灣東方
出版日期：2003年3月

 故事摘要

　　12歲的小女孩克勞蒂雅因為是家中的長女，所以總是比弟弟們多負擔許多家務，這種不公平的生活使她厭惡透頂。為了能夠引起父母對自己的重視，她精心策畫「離家出走」。她選擇去的地方是大都會博物館，尋找的同伴是擅於存錢且富有的弟弟——傑米。在藏滿寶物、戒備森嚴的博物館裡，姊弟倆竟然神奇地在這裡居住了一個星期。

　　在此期間，一座疑似為米開朗基羅作品的小天使雕像正在博物館裡展出。克勞蒂雅立刻被這座雕像吸引，她決定要弄清楚這座雕像出自誰人之手。在此同時，她也由一個離家出走的小女孩，變成了探索藝術奧祕的追尋者。她認為唯有得到答案，了解

天使雕像的祕密，才是她此行的目的，這也是唯一讓她與眾不同的地方。

於是，姊弟二人開始查找相關資料的工作，並從中了解了很多相關知識。在博物館搬動雕像的過程中，細心的克勞蒂雅在擺放天使雕像的天鵝絨上，發現了天使雕像的底座有米開朗基羅作品的慣用標誌，她以為找到了天使雕像的祕密，於是興奮地寫信，設法把這件事告訴了博物館館長。館長稱讚了克勞蒂雅的探索精神，但也告知這個標誌並不能證明天使雕塑就是出自米開朗基羅之手。

克勞蒂雅與弟弟失望極了，但她不甘心就這樣放棄找尋真相的希望，她們利用剩餘的錢，招了一輛計程車，終於找到了雕像原來的主人——芭瑟夫人。在芭瑟夫人龐大的私人圖書館裡，克勞蒂雅和弟弟傑米憑藉著自己的智慧，找到了記有天使祕密的素描和詩，揭開了心中疑惑已久的謎團。為了表示對兩個孩子的讚賞，芭瑟夫人把米開朗基羅德的素描和詩送給了姊弟倆，並彼此答應保守有關天使雕像作者的祕密。兩個孩子帶著真相滿意地離開，也圓滿地結束了這次離家出走。

1. 這個故事的主角是誰?

2. 克勞蒂雅和傑米在哪一天離家出走?

3. 克勞蒂雅兩姊弟離家後到哪裡躲藏?

4. 克勞蒂雅與傑米在博物館中發生什麼事?

5. 為什麼兩人決定找出天使雕像是否為米開朗基羅所雕刻?

6. 兩人最後如何知道天使雕像的祕密?

推敲琢磨一下
選出你認為適合的答案

1. 克勞蒂雅計畫離家出走時,為何選定傑米作為自己的蹺家伙伴?
   a. 因為他喜歡收集棒球卡
   b. 因為他愛與布魯斯玩牌
   c. 因為他是一個小富翁
   d. 因為他喜歡吃太妃糖

2. 克勞蒂雅將自己帶的琴盒藏在博物館的哪裡?
   a. 法國廳的掛毯後
   b. 埃及廳的木乃伊靈柩
   c. 沒有蓋子的大理石棺
   d. 展示家具的抽屜裡

3. 克勞蒂雅兩姊弟，在哪裡找到「意外之財──硬幣」？
   a. 廁所裡　　　　　　　b. 噴水池裡
   c. 床底下　　　　　　　d. 圖書館

4. 克勞蒂雅兩姊弟最後是如何回家？
   a. 芭瑟夫人派車送他們回去
   b. 搭乘計程車回去
   c. 搭紐海文線的火車回去
   d. 警察送他們回去

5. 讓克勞蒂雅最想逃離家庭的原因是什麼？（複選）
   a. 沒有感受到父母的關心
   b. 厭惡做家事
   c. 希望變成英雄
   d. 零用錢太少

6. 為什麼克勞蒂雅選擇星期三出發？
   a. 前幾天撿到車票
   b. 當天有音樂課
   c. 這一天有校外教學
   d. 前一天挨罵

7. 克勞蒂雅選擇大都會博物館最主要的原因是什麼？
   a. 想研究裡頭的展覽
   b. 她不喜歡不舒服的生活
   c. 她曾去參觀過
   d. 那裡比較安全

8. 克勞蒂雅認爲傑米選「義大利文藝復興廳」的原因是什麼？
    a. 對這些作品有興趣
    b. 想表現氣質
    c. 對裸體女人有興趣
    d. 希望自己看了無聊

9. 兩人要給博物館的信，爲什麼由傑米送到博物館辦公室？
    a. 當天有同班同學來參觀
    b. 想當英雄
    c. 想賺跑腿費
    d. 沒有錢買郵票

10. 芭瑟夫人是怎樣的一位女士？（複選）
    a. 非常有錢
    b. 聰明、喜歡冒險、富有同情心
    c. 喜好藝術
    d. 對自己的律師有好感

如何問問題：兒童閱讀Q＆A

1. 克勞蒂雅為何離家出走？你認為合理嗎？當父母要求你分擔家事時，你會如何處理？

2. 你認為為何克勞蒂雅選擇博物館作為離家出走的目的地？如果有一天你真的離家出走，你會如何計畫？離家出走必須克服哪些問題？

3. 克勞蒂雅姊弟在博物館中發現了什麼驚人的祕密？如何發現？

4. 你有沒有曾經對某個問題特別在意過？你如何處理？用什麼方式可以找到答案？

5. 博物館的回信中，雕像的底座有M代表著哪些可能性？芭瑟夫人與克勞蒂亞姊弟交換了什麼條件？

7. 你如何看待克勞蒂雅「想帶個祕密回家」的心情？你願意和誰分享你的祕密？

8. 克勞蒂雅提到一個觀念「每個人都應該每天學一樣新的東西」？你贊成嗎？為什麼？與芭瑟夫人的想法相比，你認為如何？

（提問者：鄒敦伶，楊依欣）

電影「別有洞天」原著小說
小魯大獎小說 1999年紐伯瑞文學獎金牌獎

洞
（Holes）

作者：路易斯・薩奇爾（Louis Sachar）
譯者：趙永芬
圖片提供：小魯文化
出版日期：2007年10月
（2003年改編為電影《別有洞天》）

 故事摘要

　　一百一十年前，綠湖鎮上的凱蒂老師和洋蔥山姆戀愛，警長要凱蒂老師放棄山姆，不然將舉辦絞刑，後來在山姆遭射殺的三天後，凱蒂射死警長成為「一吻奪命」強盜凱蒂，而她搶奪來的錢財埋藏地點到她死都沒說出來，從那時起綠湖鎮沒再下過一滴雨。

　　故事的主角葉史坦四世史丹利，某天一雙克萊・李文斯頓舊球鞋砸中史丹利（綽號「山頂洞人」），竟被誤判為偷竊罪而被罰到「綠湖營」服務，位在沙漠的綠湖營根本就沒有湖，少年犯們每天在乾涸的河床上挖出一個又一個大洞，美其名是藉由勞動來重建人格，實際上是為了找出強盜凱蒂的寶藏。

後來史丹利從管訓營逃跑中，無人理解的曾祖父所說之「在上帝的大拇指上找到避難的地方」，竟引領他和同伴「零蛋」在大拇趾山上的泥溝裡挖出水及洋蔥後而得救。這是當年洋蔥山姆販賣的洋蔥，而挖出來的寶藏是一只史坦利曾祖父遭強盜凱蒂搶奪走的手提袋。最後司法還了他的清白順利回家，而同伴「零蛋」才是偷鞋賊，曾曾祖父所受吉卜賽老婦人的詛咒，直到史坦利背著零蛋（為吉卜賽老婦人的後裔）上山，終於解開了魔咒，綠湖鎮下起一場百年來最珍貴的大雨，而手提袋裡的珠寶品質不佳，只有一些股票、信託契據與銀行本票。

1. 故事的主角是誰？

2. 史丹利誤判什麼罪進入「綠湖營」服務？

3. 史丹利每日何時可以停止挖洞回營區休息？

4. 為什麼管訓營要少年犯每天挖一個大洞？

5. 史丹利在哪挖到「寶藏」？

6. 逃跑的史丹利如何得救沒有渴死餓死？

推敲琢磨一下
選出你認為適合的答案

1. 史丹利誤判竊盜罪，請問他偷的物品是＿＿＿。
   - a. 運動鞋
   - b. 手錶
   - c. 腳踏車
   - d. 洋蔥

2. 史丹利挖到什麼字的唇膏蓋子＿＿＿。
   - a. KK
   - b. KB
   - c. BB4
   - d. BB

3. 史丹利最後挖到的「寶藏」是＿＿＿。
   - a. 金條
   - b. 鑽石
   - c. 手提袋
   - d. 洋蔥

4. 史丹利誤判竊盜罪，請問他偷的物品是＿＿＿。
   - a. 運動鞋
   - b. 手錶

c.腳踏車　　　　　　　　d.洋蔥

5.史丹利從管訓營逃跑他朝什麼形狀的山前進而獲救____。
　　a.人形　　　　　　　　b.龍形
　　c.姆指形　　　　　　　d.三角形

6.史丹利如何化解左若尼夫人（吉卜賽老婦人）的詛咒？
　　a.背零蛋上山　　　　　b.結束「綠湖營」服務
　　c.捐錢　　　　　　　　d.挖出寶藏

1.為什麼逃跑的史丹利能不放棄找水的信念？

2.你認為史丹利最後能夠否極泰來的因素有哪些？

3.如果你是史丹利什麼倒楣事都能碰上，努力不懈卻總
　是沒什麼成果，你會如何改變惡運？

4.這是一本精心規畫的書，故事中的人物、事件彼此之
　間皆有輪迴關係，請舉出你覺得最妙的設計？

5.為什麼書名叫作「洞」？要從洞裡挖出什麼呢？

（提問者：張嘉慧）

幻想成真

巧克力工廠的祕密
（Charlie and The Chocolate Factory）

作者：羅爾德‧達爾（Roald Dahi）
譯者：任溶溶
圖片提供：志文
出版日期：1993年11月
（2005年改編為電影《巧克力冒險工廠》）

故事摘要

　　查理‧巴格特與爸爸、媽媽、爺爺、奶奶、外祖父、外祖母一起住在一間小木屋，生活過得很窮困。儘管附近就有一家巧克力大工廠，但從沒吃飽過的這家人，只有在查理過生日的時候，才能送他巧克力。查理對這座大門深鎖的旺卡巧克力工廠充滿興趣，他多麼希望能走進這間工廠。終於有一天，旺卡工廠要為五位幸運兒開放了！只要在巧克力糖的包裝紙上找到金獎卷，就可到工廠參觀！

可惜查理生日時所獲得的巧克力，以及爺爺用私房錢買的巧克力都沒有為他帶來好運。神奇的是當活動將截止的前一天，查理在雪地裡撿到錢，他奇蹟似的在購買的巧克力糖裡發現了金獎卷。就這樣，他成了參觀工廠的幸運兒。

瘦小的查理與爺爺和另外四位幸運兒（肥胖好吃的奧古斯塔斯、被父母寵壞，要什麼有什麼的維魯卡、整天嚼口香糖的紫羅蘭、看電視成癮的米克）以及他們的父母在旺卡先生的帶領下，展開了奇妙的參觀旅程。在「巧克力車間」他們發現工作的小矮人──奧柏・倫柏人，貪吃的奧古斯塔斯掉落在巧克力河，被吸入玻璃管中；在「口香糖機器」間，紫羅蘭嚼下未完全測試通過的新口味口香糖，變成了一個紫色漿果；在「果仁車間」維魯卡強要一隻工作中的松鼠，而掉落在垃圾滑槽裡；在「電視巧克力糖車間」米克想成為第一個被電視傳送的人，卻也因機器技術不成熟，人整個被縮小。

最後只剩下查理了，旺卡先生宣布查理是勝利者，將得到巧克力工廠的經營權。玻璃大電梯戴著查理與家人飛往巧克力工廠，他們終於不必再為挨餓擔心了！

1. 這篇故事的主角是誰？

2. 這篇故事發生在什麼地方？

3. 故事裡，發生什麼事？

4. 查理是如何成為最後的勝利者？

5. 這篇故事發生在什麼時候？

6. 為什麼旺卡先生要將巧克力工廠交給查理經營？

推敲琢磨一下
選出你認為適合的答案

1. 旺卡先生一度把工廠關閉，也把工人辭退。是因為發生了什麼事？

   a. 旺卡先生生病住院

   b. 工人要漲薪水

   c. 因為有間諜，偷取巧克力製作方法

   d. 旺卡先生要去環遊世界

2. 查理是第五位幸運兒，他和其他四位幸運兒最大的<u>不同</u>在哪裡？

   a. 性別（其他四位都是女生）

   b. 他家很窮

   c. 他是孤兒

d. 他很聰明

3. 旺卡先生發金獎卷的目的是為了＿＿＿。
    a. 希望工廠永久經營下去
    b. 增加知名度
    c. 慶祝兒童節
    d. 提高工廠營業額

4. 旺卡先生雇用奧柏・倫柏人工作，最主要的原因是＿＿＿。
    a. 他們工作很認真
    b. 他們很聰明
    c. 他們很神祕
    d. 請不到工人

5. 巧克力工廠的祕密指的是＿＿＿。
    a. 旺卡先生的身世
    b. 旺卡先生的真面目
    c. 巧克力的獨家配方
    d. 誰在製造巧克力

1. 為什麼奧柏‧倫柏人願意到旺卡巧克力工廠工作？這和他們的飲食或生活習慣有什麼關係？

2. 當松鼠檢查維魯卡是不是一個壞堅果，「我的天，她畢竟是個壞堅果」旺卡先生說。「她的頭發出的聲音是空洞的。」這句話是什麼意思？

3. 得到金獎卷的孩子可以請家長同行（孩子可受到照顧），你覺得旺卡先生這樣的安排有什麼用意？

4. 得到金獎卷的五位幸運兒，個性、興趣有非常大的不同，他們的個性或興趣與旺卡先生帶他們參觀的工作間有什麼相關？他們為什麼會發生狀況？

5. 在四個小孩發生狀況時，奧柏‧倫柏人都會唱歌，他們唱的歌詞都很長，好像在說道理，你同意這些歌詞嗎？為什麼？

6. 如果你看過《巧克力工廠的祕密》所改編成的電影《巧克力冒險工廠》，請比較電影版與書本有哪些不同之處？這樣的改編給你什麼不同的感覺？

（提問者：周淑琴）

神偷
（The Thief Lord）

作者：柯奈莉亞‧馮克（Cornelia Funke）
譯者：鄭納無
圖片提供：大田
出版日期：2009年4月
（2006年改編為電影《妙手小神偷》）

故事摘要

父母過世，壞心的阿姨，想拆散剛失去母親的波斯貝爾和玻，所以12歲的波斯貝爾帶著5歲的弟弟玻，一起逃到威尼斯。在威尼斯街頭流浪的他們，沒有錢、沒有住所，只好去投靠「神偷」。

神偷很有愛心，他把贓物換成現金，幫助一群同樣在威尼斯無家可歸的小孩。神偷還找到一間廢棄戲院當藏匿處，作為他們的祕密基地！但其實，神偷只是一個12歲的富家小男孩，因在家得不到父母的愛，而將自己家中值錢的東西偷去變賣！另一方面，波斯貝爾和玻的阿姨雇用偵探，正找尋玻和波斯貝爾的形蹤。

有一天，有位神祕的伯爵找上了神偷，希望能幫他去偷一件珍貴無比的翅膀。傳說中，一百五十多年前的威尼斯有一座旋轉木馬，上頭有五匹美麗的木雕坐騎，分別是獨角獸、美人魚、海馬、水妖與飛獅。只要將遺失的翅膀裝回去，大人坐上它，會變年輕；小孩坐上它，會變老。

　　藉著善良的女攝影家和偵探的幫助，孩子們真的找到翅膀與旋轉木馬，伯爵坐上後找回青春，變成一個小男孩；而神偷想脫離父親的掌控獨立生活，坐上後竟變成一位青年。波斯貝爾卻不願坐上，因為他不想失去與弟弟玻一同成長的機會與回憶。最後，波斯貝爾和玻與善良的女攝影家一同生活，並找到了真正溫暖舒適的家；而神偷也找到了棲身之處，成為偵探的得意幫手。

1. 故事中的主要角色有誰？

2. 故事發生的地點是在什麼地方？

3. 故事發生的時間是什麼時候？

4. 波斯貝爾和玻發生什麼事要逃到威尼斯？

5. 為什麼波斯貝爾沒有坐上旋轉木馬？

6. 故事中使用什麼方法可以返老還童或迅速長大？

推敲琢磨一下
選出你認為適合的答案

1. 波斯貝爾和玻的阿姨，為什麼想要領養玻？（複選）

    a. 阿姨想要一個小孩

    b. 玻的外表像天使，惹人憐愛

    c. 母親去世前的遺願

    d. 玻想要和阿姨一起住

2. 維克多心愛的寵物是什麼？

    a. 兔子   b. 狗

    c. 貓咪   d. 烏龜

3. 波斯貝爾和玻的阿姨最後收養了誰？

    a. 波斯貝爾和玻   b. 巴巴羅薩

    c. 西皮歐   d. 莫斯卡

4. 玻最喜歡聽的故事是哪一部？
    a. 納尼亞傳奇
    b. 騎鵝歷險記
    c. 小紅帽
    d. 湯姆歷險記

5. 神偷西皮歐為什麼想變成大人？（複選）
    a. 在家得不到關心
    b. 認為大人的生活精采又冒險
    c. 擺脫父母的擺布
    d. 想和維克多一起工作

6. 巴巴羅薩為何最後被送去寄宿學校？因為_____。
    a. 偷錢
    b. 恐嚇別人
    c. 想去就讀
    d. 以上皆是

1. 每個大人，心裡都住著一個小孩；每個小孩，都渴望立刻變成大人。為什麼大人會想要變回小孩，而小孩變成大人呢？

2. 波斯貝爾和玻不願意與有錢的阿姨生活在一起，但變成孩子的巴巴羅薩卻很樂意，並說波斯貝爾和玻是蠢蛋。難道大人較重視物質與懂得現實面的因素嗎？

3. 家的定義是什麼？家庭的功能又是什麼？為什麼莫斯卡和里奇歐寧願獨自生活，也不想有一個家？

4. 當找到啟動旋轉木馬的翅膀時，同時也達成那對兄妹和神偷的夢想。不過，他們從此真的都過得快樂嗎？

5. 神偷為何願意幫助一群無家可歸的小孩？並將他們安置在自家廢棄的戲院裡？

6. 如果世界上有這種魔力的旋轉木馬，你願意去乘坐嗎？為什麼？

7. 書中有一句話是這樣說：「親屬關係並不保證能獲得關愛，不過我們大家卻都願意這樣相信。」這句話透露出什麼訊息？請說說你的意見與看法。

（提問者：羅舒婷）

湯姆的午夜花園
（Tom's Midnight Garden）

作者：菲利帕·皮亞斯（Philippa Pearce）
譯者：張麗雪
圖片提供：台灣東方
出版日期：2000年2月

　　湯姆和弟弟彼得原本打算暑假要在蘋果樹上蓋間樹屋，但是彼得突然得到痲疹，破壞了原本的計畫。由於湯姆有感染痲疹的危險，因此被安排到官安阿姨家接受隔離。湯姆簡直氣炸了，因為阿姨住在一個沒有花園、窄小的公寓裡，而且這段隔離期間他不可以和其它人接觸，哪都不能去，好好的一個暑假就這麼泡湯了！

　　到了官安阿姨家，阿姨警告湯姆別碰長廊的老爺鐘，因為巴瑟羅米歐老太太很寶貝這個鐘。但是，湯姆發現，每當老爺鐘敲了十三下後，打開後門便可通往一座神祕的花園。在這座花園裡，他認識一位名叫海蒂的女孩，他們一起玩耍、滑冰、蓋樹屋。漸漸的湯姆察覺到花園裡的時間似乎過的特別快，因為湯姆的暑假還沒過完，海蒂已經長成一位少女了！

湯姆返家的時間已定，他必須在離開官安阿姨家前破解神祕花園的時間祕密，在返家的前一晚，湯姆因為找不到花園和海蒂而驚動整棟大房子的住戶。也因為如此，湯姆才發現原來房東巴瑟羅米歐老太太就是他神祕花園的玩伴海蒂。

1. 請討論此書中故事發生的地點，以及你認為重要的故事地點，並解釋為何你認為此一地點如此重要。

2. 故事發生在什麼時候？很久以前？現在？或是未來？

3. 這個故事經歷了多久時間？

4. 書中的主要人物有誰？這個角色對故事的重要性為何？

5. 全書內容在描述主角發生了什麼事？

6. 為什麼湯姆會發現花園的時間和現實生活不同？

7. 湯姆發現花園的時間和現實不同時，他如何尋求解答？

推敲琢磨一下
選出你認為適合的答案

1. 湯姆為什麼被送到官安阿姨家，並且哪兒也不能去？因為 ____。

   a. 湯姆太頑皮了，所以被禁足

   b. 湯姆有感染痲疹的危險

   c. 湯姆功課不好要在阿姨家進修加強

   d. 湯姆要寸步不離的照顧阿姨

2. 什麼時候湯姆會進入那座白天不存在的花園？

   a. 鐘響十三下之後   b. 夢遊的時候

c. 看《聖經》的時候　　d. 爬到樹屋上時

3. 爲什麼剛開始亞伯要裝作看不到湯姆？因爲＿＿。
   a. 湯姆是個令人討厭的孩子
   b. 湯姆長得太醜了，亞伯不想看到他
   c. 亞伯認爲湯姆是惡靈
   d. 亞伯瞧不起湯姆

4. 湯姆藉由觀察花園裡出現人物的服裝發現海蒂可能是哪一個時
   代的人？
   a. 維多利亞時代
   b. 伊莉莎白一世
   c. 理查二世
   d. 伊莉莎白二世

5. 爲什麼當湯姆看到全身穿黑衣的小海蒂哭喊著想爸媽的情景
   後，就再也不問海蒂父母的事，也不會拿這件事開玩笑？
   a. 湯姆知道海蒂是個古怪的人開不起玩笑
   b. 湯姆知道海蒂嫌棄父母的身世不好
   c. 湯姆知道海蒂的父母已過世
   d. 湯姆知道海蒂一家都很古怪

6. 最後湯姆發現誰是長大後的海蒂？
   a. 官安阿姨　　　　　b. 巴瑟羅米歐老太太
   c. 湯姆的媽媽　　　　d. 以上皆非

1. 書名和內容有何相關性？

2. 請問有沒有書中角色無法解決的難題？若有請指出
   一、兩個，並且解釋為什麼你認為這些問題沒有得到
   解決？

3. 請描述書中角色之間的衝突，請問這個衝突是如何解
   決的呢？

4. 在閱讀中發現什麼文學技巧？倒敘？比喻？請舉例討
   論。

5. 請舉出一個你最喜歡的角色，並介紹這名角色（例如
   他的家人或和朋友互動的情況等等）。

6. 你認為全書呈現出什麼樣的氣氛（懸疑、有趣或其
   它），並找出書中內容印證自己的說法。

7. 請問你讀到哪一個章節才解開了《湯姆的午夜花園》
   中關於花園時間的祕密？

（提問者：邱慧敏）

附錄：參考答案

繪本一尋找自我

月光男孩

牛刀小試：關於故事

1. 月亮、月光男孩。
2. 天空、街道、碼頭、水裡。
3. 幫月亮尋找同伴。
4. 因為風箏上的月亮表情可怕、氣球太凶、球太會蹦跳了。
5. 月光男孩帶了一面鏡子回去。

推敲琢磨一下，選出你認為適合的答案

1. d　　　　　　2. a　　　　　　3. c
4. b　　　　　　5. d

進一步想一想

1. 表現速度感。
2. 因為月亮一低頭就看見另一個月亮，因此月亮拜託月光男孩尋找另一個月亮。
3. 飛機、鳥群、風箏、汽球、皮球、人類、魚。
4～5題沒有標準答案，可自由作答。

綠尾巴的老鼠

牛刀小試：關於故事

1. 一群小田鼠。
2. 威爾許森林。
3. 一隻都市老鼠經過森林，告訴田鼠們都市裡過狂歡節的情景，於是田鼠們也想過狂歡節，戴上面具，其中有一隻把尾巴染成綠色的。後來他們忘記自己是善良的田鼠，互相猜忌。直到他們遇到一隻不戴面具的田鼠，才摘下面具，重新做自己。

4. 都市老鼠告訴他們，都市裡過狂歡節的情景，於是田鼠們也想過狂歡節。
5. 直到他們遇到一隻不戴面具的田鼠，才發現他們忘記了自己的樣子。
6. 摘下面具，重新做自己。

推敲琢磨一下，選出你認為適合的答案

1. d	2. b	3. c
4. b	5. d	6. a
7. c	8. a	

進一步想一想

1～8題沒有標準答案，可自由作答。

小霍班奇遇記

牛刀小試：關於故事

1. 小霍班。
2. 街道、樹林、世界的盡頭。
3. 霍班脫下睡衣掛在高舉的腿上，鼓起雙頰對著睡衣吹氣，小床開始慢慢向前走。
4. 因為月亮想睡了。
5. 被你和我救了。

推敲琢磨一下，選出你認為適合的答案

1. a	2. c	3. d
4. a	5. a	

進一步想一想

1. 我還要！（沒有標準答案，可自由作答）
2. 公雞、小貓。
3. 你和我。
4. 沒有標準答案，可自由作答。

繪本─愛的分享

太陽石

牛刀小試：關於故事

1. 很久以前。
2. 海上的大島和小島。
3. 國王和瞎眼老人。
4. 大島的人耗盡土地資源，終於醒悟，與小島的人一起努力恢復原來環境的面貌。
5. 因為大島的人開始自食惡果，性命就要不保了，認清只有愛護土地，才能帶給自己或子孫幸福。

推敲琢磨一下，選出你認為適合的答案

1. bd	2. a	3. c
4. abc	5. d	6. c
7. acd		

進一步想一想

1. 大島的人比較愛計較，自私，也有階級制度，小島上的人個性隨和，大家都是土地上的子民。
2. 國王是個愛慕虛榮、貪圖榮華富貴、霸道蠻橫的人。他要工人幫他蓋更大的宮殿，還要用黃金打造自己的雕像，又強迫小島的人去工作，而且強行取走小島上的泥土。
3. 因為國王把注意力集中在太陽石下方的黃金上，這可能是瞎眼老人告訴他的。
4. 大島的人在風雲變色，雷雨交加的夜晚，遇到危難時才覺醒。平常過慣了安逸的生活，沒有危機意識，等遇到了危險，才開始思考自己做錯的事，就像是不到黃河心不死，人總是死到臨頭才徹底反省。
5. 因為世界上貪圖富貴的人還很多，他們仍然會掠取大自然的產物，像現在地球已經嚴重暖化了，這就是破壞環境的實例，現在這個故事應該由我們來說了。
6. （略）

石頭湯

牛刀小試：關於故事

1. 大和尚阿壽。
2. 是在阿祿説完：「是應該加點什麼調味料」後，讀書人就跑回家帶來調味料，才加入的。
3. 分享與快樂。
4. 村子中央的院子裡。
5. 因為村民不再相信陌生人。
6. 透過煮石頭湯來學會分享及快樂。

推敲琢磨一下，選出你認為適合的答案

1. d	2. acd	3. d
4. c	5. a	6. b

進一步想一想

1. 走在最前方的是阿壽；阿壽在圖像中的位置透露出他在三位和尚中的領導地位。
2. 在和尚初到進城時，房子的神態一如村民：冷漠、抗拒及不表歡迎；當小女孩好奇的詢問和尚時：房子一如好奇的孩童，呈圍觀狀；而當村民敞開心胸後，房子不再出現在畫面中，直到和尚離開後，最後一頁的房子呈現了謙卑、淡然而易親近的色彩。
3. 平視：和尚在迂迴蜿蜒的山路間行進，背後延綿的長城，説明了他們漫長不止的修行路。俯視：三個和尚及旁觀的小姑娘構成畫面穩定的三角形，從第三人稱全知的觀點解讀畫面。仰角：三個和尚面向小姑娘，視覺交叉點落在畫面正中央（也是小姑娘及阿壽視覺焦點），小姑娘背後的房子對小姑娘呈現微笑與支持，整個畫面豐富而有深意。遠視：橋上相送的場景，畫面呼應和尚在下山前的遠視場景，邈遠而富禪意，頭尾呼應。
4. 開始的孤單及最後的超人氣，説明了整個故事漸變及豐富度漸強的故事性。
5. 在古老的中國，只有皇帝才能穿黃色的衣服。足見小女孩的角色十分重要，她同時也兼具著村民及和尚間有形無形的光鮮與質樸的巧妙聯繫。

拼被人送的禮

牛刀小試：關於故事

1. 國王和拼被人。
2. 一位貪心的國王學會「慷慨、分享、給予」的道理，並因而得到真正的快樂的故事。
3. 因為他不懂得給予與分享。
4. 國王的心態經過不斷成長的歷程，最後，終能學會「給予」的作為，獲得真正的快樂，也得到拼被人的美麗拼被。

推敲琢磨一下，選出你認為適合的答案

1. d	2. c	3. b
4. b	5. a	6. d

進一步想一想

1. 因為她的被子只送給窮人或無家可歸的人。
2. 因為熊脾氣不好是由於睡不好。可憐疲憊的麻雀冷得全身發抖，一定飛不過大湖，到不了對岸。
3. 沒有標準答案可自由作答。
4. 因為想獲得拼被人的拼被。但送了禮之後，他卻笑了，終於有了快樂。
5. 因為他的內心滿滿的幸福記憶，都是贈送與接納所帶來的。
6. 施比受更有福」、「相互尊重」、「追求心中真正快樂」、「體諒與尊重」的道理。
7. 沒有標準答案，可自由作答。

繪本─生命教育

奶奶的時鐘

牛刀小試：關於故事

1. 老奶奶的時鐘。
2. 奶奶家和小女孩、奶奶生活的地方。
3. 奶奶知道很多計算時間的方法。透過一位小孫女與祖母對家中一個廢棄老時鐘的談話，引發這孩子對「時間」觀念的了解和認識。
4. 時鐘裡面可以放一把雨傘，一支柺杖和一幅索古王的畫像。其實也包含著奶奶念舊的情懷。

5. 參考文本的敘述。

1. c	2. b	3. c
4. c	5. c	6. a
7. c	8. d	

進一步想一想

1～6題沒有標準答案，可自由作答。

尼可萊的三個問題

牛刀小試：關於故事

1. 什麼時候是做事的最佳時機？什麼人是最重要的人？什麼事是最應該做的事？
2. 他希望能掌握做事的方法，成為一個好人。
3. 蒼鷺宋雅、猴子果戈里、狗兒普希金、烏龜李
4. 深山裡，李奧的家。
5. 靠自己的行為：善良、勇敢、具同情心，再加上李奧的智慧。
6. 暴風雨過後。李奧點醒他，說答案已經在他身上，並解釋給他聽。

推敲琢磨一下，選出你認為適合的答案

1. d	2. c	3. b
4. c	5. d	6. d

進一步想一想

1. 我認為，風箏象徵尼可萊的心事，也就是那三個問題，一直隨身跟著他，時時刻刻提醒他。風箏同時表示，尼可萊的未來空間無限廣闊。（沒有標準答案，可自由作答。）
2. 沒有標準答案，可自由作答。可參考書末「作者的話」關於本書動物的取名和藍本的說明。
3. 沒有標準答案，可自由作答。可參考書末「作者的話」，原來的短篇主角是沙皇，冒險的經過也不一樣，他是無意間救了一位原本企圖傷害他的人，卻反而彼此建立了深厚的友誼。
4. 沒有標準答案，可自由作答。
5. 沒有標準答案，可自由作答。
6. 七個。表現大場面或大張力的構圖，激起讀者視覺的震撼效果。

征服者

牛刀小試：關於故事

1. 將軍。
2. 從前從前。
3. 某大國和小國之間。
4. 大國將軍去征服一個極小的國家，結果反倒被小國同化。
5. 因為他要讓那些國家的人民，過著像他們一樣的好日子。
6. 小小國人民不抵抗，用款待貴賓的方式招待將軍和士兵，並教他們玩
   遊戲、唱歌、說故事和烹煮食物。

推敲琢磨一下，選出你認為適合的答案

1. ac	2. b	3. d
4. abcd	5. acd	6. c

進一步想一想

1. 武力不能征服一切；愛和尊重才能贏得人心。
2. 非常不正確，因那是一種霸凌的自私想法。
3. 因小小國是個愛好和平的國家；因他們的財力和人力不夠充足。
4. 不僅聰明，而且有智慧。因將軍他們受到貴賓般的尊重和禮遇，自
   然會卸下心防，拉近彼此的距離。
5. 完全不了解。將軍好大喜功，只自私地想著自己。他的部屬連年隨
   他征戰，其實早已思鄉情切，渴望家居生活。所以在小小國和當地
   人民一起生活和工作，正是一種心理上對將軍的抗議和背叛。
6. 小小國人民。他們使用的武器是「愛」和「尊重」以及「文化」的
   薰陶。
7. 將軍的心變得比較柔和而幽默了。後來他可能會主動和小小國締結
   和平盟約，從此互派使者來往。

繪本─大自然的呼喚

夏夜

牛刀小試：關於故事

1. 擬人化了的夏天的夜。
2. 夏天。
3. 鄉村。

4. 夏夜的寧靜、清涼和大自然生生不息的熱鬧。
5. 因為當人和動物都安然入夢時，自然界中的植物、昆蟲、河水、夜風等，仍生氣盎然的活動著。
6. 從詩人孩子似的童心和萬物皆有情的雙眼中自然鋪就而成。

推敲琢磨一下，選出你認為適合的答案

1. b	2. c	3. b
4. d	5. abcd	6. a

進一步想一想

1. 星星，月亮。
2. 別忘了要加上張大眼睛，四處觀察萬物的詩人喔！
   （窗外瓜架上的南瓜、綠色的小河、提燈的螢火蟲、愉快旅行的夜風，以及詩人楊喚。）
3. 從山坡上輕輕的爬下來了；從椰子樹梢上輕輕的爬下來了；在美麗的夏夜裡愉快的旅行。
4. 小妹妹夢見她變做蝴蝶，在大花園裡忽東忽西的飛。小弟弟夢見他變做一條魚，在藍色的大海裡游水。
5. 5歲以上的小孩和成人皆適合閱讀，因為這首詩充滿了童心和童趣。
6. 答案俯拾即是，而且因人而異。

童話—守信與承諾

青蛙王子

牛刀小試：關於故事

1. 從前，在人們的願望還能夠實現的時候。
2. 公主和青蛙王子。
3. 森林、城堡。
4. 青蛙王子如何解除魔咒的過程。
5. 只有公主可以解除自己的魔咒。
6. 公主根本不想遵守承諾，是國王強迫她履行承諾。

推敲琢磨一下，選出你認為適合的答案

1. a	2. d	3. b
4. ac	5. d	6. a

7. b 　　　　　　　　8. c

　　1～5題沒有標準答案，可自由作答。

　　6. 可參考電影《史瑞克》裡國王被親了一下之後便成青蛙。

漁夫和他的妻子

牛刀小試：關於故事

　　1. 漁夫、妻子和比目魚。

　　2. 從前。

　　3. 海邊。

　　4. 漁夫救了一隻比目魚，之後就受到妻子的唆使，一直要求更大的願望，最後終究回到自己原本的樣子。

　　5. 因為他怕妻子，妻子非常凶狠。

　　6. 當比目魚不再滿足他的願望時。

推敲琢磨一下，選出你認為適合的答案

　　1. b 　　　　　　2. b 　　　　　　3. abd

　　4. acd 　　　　　5. a

進一步想一想

　　1. （略）

　　2. 我會稱讚他，說他是個很有愛心的人，我果然沒有嫁錯人。

　　3. 我會，因為一直跟比目魚要東西，是一件可恥的事，我會假裝去說心願，但是回家會跟妻子說：沒找到比目魚。

　　4. 我應該只會滿足他第一個願望，因為漁夫畢竟救了我的命，回報一次是應該的。接著的願望，我就不管了。

睡美人

牛刀小試：關於故事

　　1. 睡美人，公主。

　　2. 在她15歲那年。

　　3. 她被紡錘刺中。

　　4. 在一個古老的鐘樓上。

　　5. 想要見傳說中的睡美人。

6. 把全國的紡錘全部燒掉。

推敲琢磨一下，選出你認為適合的答案

1. c   2. c   3. d
4. d   5. a

進一步想一想

1. 沒有標準答案，可自由作答。
2. 沒有標準答案，可自由作答。例如：等公主15歲前可以再許一個新願望。
3. 把紡錘改個名字，不再叫紡錘。
4. 有很多好朋友。財富。
5. 不合理，應該安排王子歷經千辛萬苦才找到公主。
6. 第十三個算命師。

童話─愛的分享

自私的巨人

牛刀小試：關於故事

1. 巨人。
2. 巨人的花園。
3. 巨人築了一道牆，不讓小孩子進入花園，巨人的花園花不開鳥不叫，花園裡只有冬天。當巨人開放花園，春天來臨。後來，巨人老了被接回天家。
4. 因為巨人很自私。
5. 看到一個小孩子爬不上樹，心就軟了。
6. 把牆毀掉，讓他的花園永遠變作孩子們的遊戲場。

推敲琢磨一下，選出你認為適合的答案

1. d   2. b   3. b
4. d   5. d   6. b
7. c   8. c   9. c
10. a   11. b

進一步想一想

1. 沒有標準答案，可自由作答。

2. 巨人從自私、不願與人分享，轉變成慈愛、和氣、慷慨，使春神再度進入他的花園。
3. 耶穌。
4. 雖然自私卻能自我反省，知過能改。
5. 沒有標準答案，自由作答。

年輕的國王

牛刀小試：關於故事

1. 年輕的國王。
2. 牧羊人。
3. 教堂。
4. 體恤百姓的辛勞。
5. 做了三個怪夢。
6. 陽光穿過窗戶灑在他身上，光線為他織出一件金袍，乾枯的牧羊手杖開出花朵。

推敲琢磨一下，選出你認為適合的答案

1. a	2. d	3. c
4. d	5. b	

進一步想一想

1. 死亡：凡是人都怕死亡這是人的本性。貪婪：少年國王在未做怪夢前的心態，這也是人性的弱點。
2. 雖然世界上四海之內皆兄弟，但富人與窮人就像該隱和亞伯一樣是悲慘的結局。
3. 我若是故事中保守年代裡的貴族，我為了自身利益也不會相信少年國王。
4. 我不認同「正是因為富人過奢侈的生活，窮人才能生存下去」，人要積極進取，開創前程及機會。
5. 孩子交給牧羊人象徵《聖經》中耶穌也常將自己比喻為牧羊人，例如「我是好牧人，好牧人為羊捨命」。（約翰福音10：11）

夜鶯

牛刀小試：關於故事

1. 夜鶯。
2. 中國。
3. 夜鶯的歌聲。
4. 夜鶯飛回皇帝身邊，死神為了聽夜鶯唱歌，交出皇帝的王冠、寶劍、令旗。
5. 當大家都在聽人造鳥唱三十三遍歌的時候，沒人注意夜鶯。
6. 因為皇帝流下淚珠，而這是歌者收到的最寶貴的禮物。

推敲琢磨一下，選出你認為適合的答案

1. c
2. a
3. acd
4. bc
5. d

進一步想一想

1. （1）宮女故意把水倒在嘴裡，弄出咕咕的聲響。
   （2）當兩個人遇見時，一人只需說「夜」，另一人就會說「鶯」。
   （3）得到不輕易對人讚美的人的讚美。
   （4）有人將小孩取名叫夜鶯。
2. （1）皇帝看那些描述他皇宮的書，每一秒點一次頭。
   （2）樂師寫了二十五卷關於這隻人造鳥兒的書，這是用最難懂的字所寫的。
   （3）一年只能唱一次，而這還是使用過度呢！
   （4）所有的地方都鋪了布，使得腳步聲不至於發出聲響。
3. 有些認同（因為故事中有些人的行徑過於誇張），但也覺得這是一種巧妙的安排，因為中文的夜鶯是唱歌最好聽的鳥，使用並無失當，但配合丹麥文又有符合之處。
4. （1）我覺得修辭上有映襯之意。
   （2）皇帝的心改變了，因為他從鬼門關前走一遭（受了夜鶯的以德報怨所感化）。
   夜鶯仍是以前的夜鶯，但有一點不同的是牠更勇於表達自己的看法了（有機會去改變皇帝）。
5. 動物幫助人類：如快樂王子（小燕子幫忙把快樂王子的寶石送給窮苦的人家）、青鳥……等。以德報怨的故事、有寓意的故事。

童話—親情的擁抱

野天鵝

牛刀小試：關於故事

1. 愛莉莎、王子（野天鵝）；兄妹。
2. 父王又娶了一個壞心的皇后，完全不愛這些可憐的孩子。
3. 被趕出皇宮，十一位哥哥被變成了十一隻美麗的野天鵝，妹妹為了救哥哥，忍受肉體的折磨與精神的壓力，最後終於戰勝邪惡，贏得幸福。
4. 燕子每年冬天要飛去的那個遙遠地方；美麗的地方，有藍色的群山、雪松林和他的城市及宮殿。
5. 繼母把他們趕出皇宮自己過日子，並變成不會說話的大鳥飛走了，但皇后不能使他們變醜，因為他們變成了美麗的野天鵝。
6. 將十一件蕁麻織成的長袖袍子拋到天鵝身上，他們便能永久變回人類。

推敲琢磨一下，選出你認為適合的答案

1. b	2. d	3. a
4. c	5. b	6. d
7. c	8. d	9. b

進一步想一想

1. 因為他們在愛麗莎的頭上和心窩上待過，愛麗莎太善良、太清白了，巫術對他沒有任何效力。
2. 用胡桃汁擦他的臉，使臉變成深棕色，再把他漂亮的頭髮弄得亂蓬蓬的，在上面擦上臭烘烘的油膏。
3. 水不知疲倦的流動，直到所有堅硬的東西都變得光滑，我也要像這樣不知疲倦地做我的事。
4. 和妹妹重逢的第二天留下來陪妹妹一整天；帶妹妹離開時，為他採集漂亮的成熟漿果和一捆洋甘草，並用翅膀為他擋太陽；最小的哥哥看見他的手起水泡而哭了──►水泡消失了，是第一個找到在牢房的妹妹；穿了唯一一件來不及織完的長袍──►在手臂的地方留下了一隻天鵝的翅膀。
5. 因為受大主教的影響，誤解愛麗莎愛食屍鬼是一夥的。
6. 愛麗莎以勇氣與毅力來忍受手指被蕁麻所刺傷的疼痛，堅持到最後，以及忍耐不能說話所帶來的壓力與誤解；她無私，為了解救

哥哥們，不顧自己生命的危險，仍不願開口對別人的誤會作解釋。

小紅帽

牛刀小試：關於故事

1. 小紅帽與大野狼。
2. 很久很久以前。
3. 小村莊與森林。
4. 小紅帽由於貪玩，輕信大野狼，差一點喪了命。
5. 因為小紅帽聽信大野狼的話。
6. 作獵人用剪刀劃破大野狼的肚皮，救出小紅帽。

推敲琢磨一下，選出你認為適合的答案

1. b	2. b	3. bcd
4. b	5. d	6. c
7. b	8. c	

進一步想一想

1. 例如：邀請吃好吃的冰淇淋、買最時髦的玩具。
2. 沒有標準答案，可自由作答。
3. 例如：可愛天真的小紅帽、辛苦工作的媽媽、慈祥的祖母、迷人的反派角色或是英雄救美的獵人。

4～5題沒有標準答案，可自由作答。

灰姑娘

牛刀小試：關於故事

1. 灰姑娘。
2. 從前。
3. 灰姑娘的家中、皇宮。
4. 被虐待、參加舞會、幸福。
5. 沒有好看的衣服、鞋子。
6. 去參加舞會。

推敲琢磨一下，選出你認為適合的答案

1. c	2. d	3. c

4. c	5. c	6. d
7. c	8. c	9. d
10. abcd	11. ac	

進一步想一想

1. 因為他們不是真正的手足。
2. 灰姑娘早上要早起，擔水、生火、燒飯、洗衣。兩個姊姊還想著方法來欺負她，嘲弄她。灰姑娘沒有解決，只是順從地為她們做這做那。
3. 沒有標準答案，可自由作答。
4. 沒有標準答案，可自由作答。
5. 沒有標準答案，可自由作答。
6. 因為王子有戀足癖。
7. 沒有標準答案，可自由作答。
8～9題沒有標準答案，可自由作答。

漢賽爾與格雷特爾

牛刀小試：關於故事

1. 漢賽爾、格雷特爾。
2. 很久以前。
3. 兩兄妹被丟棄後在外的奇遇。
4. 臨近森林處。
5. 巫婆為引誘迷路小孩所蓋。
6. 利用撿拾到的卵石。

推敲琢磨一下，選出你認為適合的答案

1. c	2. d	3. b
4. a	5. c	6. c
7. c		

進一步想一想

1～7題沒有標準答案，可自由作答。

少年小說—親情與友情

苦澀巧克力

牛刀小試：關於故事

1. 艾芳。
2. 艾芳15歲時。
3. 游泳池。
4. 艾芳減肥失敗、艾芳和米契交往、艾芳的班要被拆班、艾芳和范西絲卡一起去買衣服。
5. 因為她不想被分班。
6. 在班上表達自己意見、鼓起勇氣買自己的衣服。

推敲琢磨一下，選出你認為適合的答案

1. a、c	2. a、b、c	3. c
4. a、b、c、d	5. c	6. a、b、c
7. c	8. c	

進一步想一想

1～9題沒有標準答案，可自由作答。

通往泰瑞比西亞的橋

牛刀小試：關於故事

1. 傑西。
2. 韓戰後的美國。
3. 一個友誼的故事。
4. 森林。
5. 因為他和柏斯萊成為好友。
6. 因為彼此真心的付出。

推敲琢磨一下，選出你認為適合的答案

1. b	2. c	3. b
4. c	5. a	6. d
7. c		

進一步想一想

1~9題沒有標準答案，可自由作答。

芒果貓

牛刀小試：關於故事

1. 米雅。
2. 米雅13歲的時候。
3. 米雅如何克服特殊疾病的經過。
4. 美國伊利諾州。
5. 因為顏色會干擾。
6. 父母互相責怪對方。

推敲琢磨一下，選出你認為適合的答案

1. c	2. a	3. c
4. bc	5. ab	6. b
7. c	8. c	9. c
10. b		

進一步想一想

1. 造成學習障礙。
2. 放聲大哭到生氣，認為米雅不把她當好朋友。
3. 沒有標準答案可自由作答。
4. 她認為爺爺仍和他們在一起，芒果過世有一切都結束的味道。
5. 沒有標準答案，可自由作答。
6. 沒有標準答案，可自由作答。
7. 共感覺症只有少數人有，但每個人都有特殊的怪癖。

少年小說—師生之間

不要講話

牛刀小試：關於故事

1. 大衛，霞特校長。
2. 美國紐澤西州中部。
3. 一場不講話的競賽。

4. 11月中旬的星期二午餐時間，2天（星期四12:15）。

5. 傾聽孩子的聲音，真正的了解學生之後加入他們的行列。

推敲琢磨一下，選出你認為適合的答案

1. b	2. d	3. a
4. c	5. ab	6. b
7. abc	8. c	9. a

進一步想一想

1. 似乎是。

2. 傳統保守但又能從善如流。

3. （1）溝通、發洩。

　　（2）都很重要。

4～6題沒有標準答案，可自由作答。

成績單

牛刀小試：關於故事

1. 諾拉。

2. 五年級。

3. 諾拉就讀的學校。

4. 諾拉故意隱藏自己的天分。

5. 為了維持與好友史蒂芬的友誼。

6. 以適當的理由說服老師與父母。

推敲琢磨一下，選出你認為適合的答案：

1. a	2. abc	3. c
4. d	5. c	6. b
7. d	8. d	9. c
10. b		

進一步想一想

1～7題沒有標準答案，可自由作答。

午餐錢大計畫

牛刀小試：關於故事

1. 11歲的葛雷‧肯頓。
2. 葛雷五年級學期末，到六年級一整年的時間。
3. 葛雷計畫在學校販賣東西以達成發財夢，在與毛拉盡釋前嫌後，合作完成創作，並訂定計畫達成夢想。
4. 美國艾須伍茲小學。
5. 因為校長禁止學生在校園內販賣東西。
6. 爭取吉老師（吉老師以數據證明，並不會因為讀了好的漫畫，而阻止孩子長大成為負責任的公民，甚至領導人，兩者並無衝突）及父母的支持，與毛拉合作訂定明確的計畫，並做適當的修改。

推敲琢磨一下，選出你認為適合的答案

1. d	2. c	3. b
4. a	5. b	6. c
7. d		

進一步想一想

1. 整本書如何裝訂、每一本應該多大、要怎麼印刷、每一本的成本是多少、定價是多少。
2. 葛雷認為毛拉竊取他的點子。
3. 毛拉希望得到葛雷的意見，對自己重新畫的圖被稱為「垃圾」感到很失望。
4. 葛雷看到毛拉的喜悅，自己有成就感；毛拉得到寶貴的經驗。
5. 提供訂單樣本，每個月推陳出新；如訂閱可免費提供教師用書；將收入部分捐給學校圖書館買新書；舉辦課後工作坊，幫助對寫作及繪畫有興趣的學生進行創作；承諾仔細篩選適合各年齡層兒童閱讀的書，杜絕暴力書籍，並請吉老師當顧問先審查。
6. 校長在讀了生平第一次漫畫後發現，好的漫畫書很有趣，且基本上是無害的，但站在校長的立場，必須讓學校成為學習的地方，但學校中卻有許多廠商利用校園做置入性行銷。葛雷提出在學校福利社賣東西的小孩都需要捐一半的錢做對學校有益的事，同時學習並賺錢。
7. 有形的財富：賣到城裡的其他國、高中小學，且很受歡迎、架設網站，發行電子報，網路購物增加銷量、向全國行銷；無形的財富：從挑戰中（編輯）、挫折中所獲得的經驗、與同學進行團隊合作、

如何與人溝通協調（當對藝術創作的意見不同時）、自己動手做各分區的架子、作品受更多人肯定所得來的成就感、如何改善裝訂裁切的速度與品質、捐錢的感覺（1,421美元占了923元38分）。

少年小說─冒險犯難

小殺手

牛刀小試：關於故事

1. 波馬。
2. 每年八月的第一個星期。
3. 美國威瑪鎮。
4. 敘述波馬如何捨棄擔任「小殺手」的經過。
5. 一是生日儀式，二是擔任一項「光榮」的任務，就是必須充當殺鴿日的「小殺手」，負責扭斷受傷鴿子的脖子。
6. 由於對鉗子的愛，波馬終於鼓起勇氣，拒絕讓法卡擊手腕，並且揚棄小鎮的殺鴿傳統，不再因畏懼旁人的眼光和世俗的愚昧而掩藏真正的自我。

推敲琢磨一下，選出你認為適合的答案

1. c
2. b
3. abcd
4. abcd
5. c
6. d
7. b
8. abcd

進一步想一想

1. 那代表某種意義，意思是：你是我們的一份子。
2. 因為比賽射鴿的人，他們在鐵路調車場用陷阱抓鴿子，然後帶到球場上來。

3～7題沒有標準答案，可自由作答。

天使雕像

牛刀小試：關於故事

1. 克勞蒂雅、傑米。
2. 某個星期三早上上學時。
3. 大都會博物館。
4. 對天使雕像好奇。

5. 希望能為他們的這次離家留下一次深刻的記憶。
6. 拜訪芭瑟夫人，並在檔案櫃中找到答案。

推敲琢磨一下，選出你認為適合的答案

1. c   2. d   3. b
4. a   5. ab   6. b
7. b   8. c   9. a
10. abcd

進一步想一想

1～8題沒有標準答案，可自由作答。

洞

牛刀小試：關於故事

1. 史丹利。
2. 竊盜罪。
3. 完成五英呎長五英呎深的洞。
4. 找寶藏。
5. 發現KB唇膏蓋子的那個洞裡。
6. 在大拇趾山上挖出水及洋蔥後得救。

推敲琢磨一下，選出你認為適合的答案

1. a   2. c   3. c
4. c   5. a   6. a

進一步想一想

1. 史丹利不怕死，他最擔心父母不知道他出了什麼事，父母只能抱著
   不實的希望活著，這是一種永無止境的痛苦。
2. 可自由回答，以下列舉幾個因素：
   ＊樂觀、懷抱希望：找水途中與零蛋玩單字遊戲，在管訓營挖洞時
     發現自己的過重體重雖然在學校都被取笑，但是在挖洞時可以將
     鏟子多深入土裡幾吋而開心常被取笑。
   ＊重義氣：逃跑的史丹利一路扶持生病的同伴零蛋。
   ＊孝順：在給家人的信中編造管訓營是快樂遊戲營學習各種體能技
     術，以免家人擔心。
   ＊敦厚善良：在管訓營時，葵花子事件幫大家頂罪。
3. 找人抒發情緒、尋找自己的幸運物。

4. 史丹利挖出的寶藏是手提箱，而手提箱上的名字是史丹利。
5. 可自由回答，以下列舉幾個：
　＊有埋藏密祕的象徵，洞的裡面是不為人知的。
　＊指寶藏。
　＊友情：史丹利原本是孤獨不受歡迎不知道快樂感覺的人，結交到
　　一路互相扶持同伴零蛋他忘了飢餓、口渴、害怕。
　＊解除家族厄運的詛咒。
　＊善有善報惡有惡報：史丹利的曾曾祖父失信於吉卜賽老婦人遭到
　　詛咒、華克得不到凱蒂心生怨恨，又為了寶藏威脅凱蒂，但凱蒂
　　一直都沒說出藏寶之處。
　＊洞是象徵原始、老實、未開化、不靈光的性格。

少年小說—幻想成真

巧克力工廠的祕密

牛刀小試：關於故事
1. 查理。
2. 旺卡先生的巧克力工廠。
3. 查理與其他四位幸運兒參觀巧克力工廠的過程與結果。
4. 只有查理乖乖遵守規則，完好如初。
5. 旺卡先生開放幸運兒參觀工廠。
6. 旺卡先生欣賞像查理這樣有禮貌且專注聆聽工廠運作的孩子。

推敲琢磨一下，選出你認為適合的答案
1. c	2. b	3. a
4. c	5. d	

進一步想一想
1. 因為他們喜歡吃可可豆，以可可豆換工資。他們原本住樹屋，會被
　怪獸吃；原本只能吃噁心的綠毛蟲，所以很渴望吃可可豆。
2. 維魯卡她是個沒有思考力，欲望無窮，永遠不滿足的小孩。
3. 旺卡先生不善於照顧小孩，且認為小孩應有大人陪伴。或他也想讓
　父母反思自己對孩子的教育。
4. 都有相連的關係。如：肥胖好吃的奧古斯塔斯貪吃掉到巧克力河；
　被父母寵壞，要什麼有什麼的維魯卡為強行要一隻松鼠掉落在垃圾
　滑槽裡；整天嚼口香糖的紫羅蘭迫不及待嘗試新口味的口香糖而變

成一個紫色漿果；看電視成癮的米克人想成為第一個被電視傳送的人而整個被縮小。

5～6題沒有標準答案，可自由作答。

神偷

牛刀小試：關於故事

1. 波斯貝爾、玻、神偷。
2. 威尼斯。
3. 波斯貝爾12歲時。
4. 母親過世，阿姨想要領養玻，波斯貝爾不願與弟弟分開。
5. 不想失去與弟弟一同成長的機會與回憶。
6. 坐上旋轉木馬。

推敲琢磨一下，選出你認為適合的答案

1. ab	2. d	3. b
4. a	5. abc	6. a

進一步想一想

1. 因為大人總是記得年幼美好的時光，而小孩想變成大人是認為可以自由不受拘束。
2. 因為現實與長大成熟後，想的較周到或物質化。（沒有標準答案，可自由作答）
3. 沒有標準答案，可自由作答。
4. 心智是大人但外表是小孩，已失去天真的童心與童趣，和社會格格不入。外表大人，心智小孩，則失去成長的機會，無法了解社會的現實面。（沒有標準答案，可自由作答）
5. 因為在家得不到關心與肯定，只能從外面去獲得重視與成就感。（沒有標準答案，可自由作答）
6. 沒有標準答案，可自由作答。
7. 天下無不是的父母，現在許多的家長都是不合格的父母，生育容易養育才是困難。養育大於生育，如何正確的照顧孩子是一門大學問。（沒有標準答案，可自由作答）

湯姆的午夜花園

牛刀小試：關於故事

1. 故事發生的地點有——湯姆家、官安阿姨家、午夜的神祕花園。其中神祕花園是重要的故事地點，因為在花園裡湯姆認識了海蒂。
2. 故事發生的時間是十九世紀晚期。
3. 一個暑假。
4. 書中主要人物是湯姆、海蒂，這兩位分別是故事中的男、女主角。
5. 參考答案：湯姆在祕密花園遇見維多利亞時期的海蒂，兩人成為好友，最後湯姆揭開神祕花園的時間祕密並發現原來房東太太就是長大後的海蒂。
6. 因為湯姆的暑假還沒過完，海蒂已經長成一位少女了！
7. 他詢問大人，並且自己查詢百科全書，從書中湯姆發現祕密花園裡人物的穿著特色屬於維多利亞時期風格。

推敲琢磨一下，選出你認為適合的答案

1. b	2. a	3. c
4. a	5. c	6. b

進一步想一想

1. 書名點出故事發生的重要地點。
2. 沒有標準答案，可自由作答。例如：亞伯誤以為湯姆是惡靈，他不知如何驅趕惡靈，只好裝作沒看到。

3～7題沒有標準答案，可自由作答。

國家圖書館出版品預行編目資料

如何問問題：兒童閱讀Q＆A／張子樟編著.
　-- 初版. -- 台北市：幼獅, 2009.12
　　面；　公分. --（新High師生；19）

　ISBN 978-957-574-753-4（平裝）
　1.閱讀指導　2.問題教學法　3.小學教學

523.31　　　　　　　　　　　98022303

新High師生 19

如何問問題：兒童閱讀Q＆A

編　　著＝張子樟
繪　　者＝朵兒普拉司
出 版 者＝幼獅文化事業股份有限公司
發 行 人＝李鍾桂
總 經 理＝廖翰聲
總 編 輯＝劉淑華
主　　編＝林泊瑜
編　　輯＝洪敏齡
美術編輯＝李祥銘
總 公 司＝10045台北市重慶南路1段66-1號3樓
電　　話＝(02)2311-2836
傳　　真＝(02)2311-5368
郵政劃撥＝00033368

門市
●松江展示中心：10422台北市松江路219號
　電話：(02)2502-5858轉734　傳真：(02)2503-6601
●苗栗育達店：36143苗栗縣造橋鄉談文村學府路168號（育達商業科技大學內）
　電話：(037)652-191　傳真：(037)652-251

印　　刷＝祥新印刷股份有限公司
定　　價＝250元
港　　幣＝83元
初　　版＝2009.12
書　　號＝954207

幼獅樂讀網
http://www.youth.com.tw
e-mail:customer@youth.com.tw

行政院新聞局核准登記證局版台業字第0143號

幼獅文化公司 ／讀者服務卡／

感謝您購買幼獅公司出版的好書！

為提升服務品質與出版更優質的圖書，敬請撥冗填寫後（免貼郵票）擲寄本公司，或傳真（傳真電話02-23115368），我們將參考您的意見、分享您的觀點，出版更多的好書。並不定期提供您相關書訊、活動、特惠專案等。謝謝！

基本資料

姓名：＿＿＿＿＿＿＿＿＿＿先生／小姐

婚姻狀況：□已婚 □未婚　職業：□學生 □公教 □上班族 □家管 □其他

出生：民國＿＿＿＿年＿＿＿＿月＿＿＿＿日

電話：（公）＿＿＿＿＿（宅）＿＿＿＿＿（手機）＿＿＿＿＿

e-mail：＿＿＿＿＿＿＿＿＿＿＿＿

聯絡地址：＿＿＿＿＿＿＿＿＿＿＿＿

1.您所購買的書名：**如何問問題**：兒童閱讀Q & A

2.您通常以何種方式購書?：□1.書店買書 □2.網路購書 □3.傳真訂購 □4.郵局劃撥
（可複選）　□5.幼獅門市 □6.團體訂購 □7.其他

3.您是否曾買過幼獅其他出版品：□是，□1.圖書 □2.幼獅文藝 □3.幼獅少年
□否

4.您從何處得知本書訊息：□1.師長介紹 □2.朋友介紹 □3.幼獅少年雜誌
（可複選）　□4.幼獅文藝雜誌 □5.報章雜誌書評介紹＿＿＿＿＿報
□6.DM傳單、海報 □7.書店 □8.廣播（　　　　）
□9.電子報、edm □10.其他＿＿＿＿

5.您喜歡本書的原因：□1.作者 □2.書名 □3.內容 □4.封面設計 □5.其他

6.您不喜歡本書的原因：□1.作者 □2.書名 □3.內容 □4.封面設計 □5.其他

7.您希望得知的出版訊息：□1.青少年讀物 □2.兒童讀物 □3.親子叢書
□4.教師充電系列 □5.其他

8.您覺得本書的價格：□1.偏高 □2.合理 □3.偏低

9.讀完本書後您覺得：□1.很有收穫 □2.有收穫 □3.收穫不多 □4.沒收穫

10.敬請推薦親友，共同加入我們的閱讀計畫，我們將適時寄送相關書訊，以豐富書香與心靈的空間：

(1)姓名＿＿＿＿＿e-mail＿＿＿＿＿電話＿＿＿＿＿

(2)姓名＿＿＿＿＿e-mail＿＿＿＿＿電話＿＿＿＿＿

(3)姓名＿＿＿＿＿e-mail＿＿＿＿＿電話＿＿＿＿＿

11.您對本書或本公司的建議：

廣 告 回 信
台北郵局登記證
台北廣字第942號

請直接投郵　免貼郵票

10045　台北市重慶南路一段66-1號3樓

幼獅文化事業股份有限公司

- -

請沿虛線對折寄回

客服專線：02-23112836分機208　　傳真：02-23115368

e-mail：customer@youth.com.tw

幼獅樂讀網http：//www.youth.com.tw